王栋生
作文教学笔记

王栋生 / 著

中国人民大学出版社
·北京·

图书在版编目（CIP）数据

王栋生作文教学笔记 / 王栋生著. —北京：中国人民大学
出版社，2019.9
ISBN 978 - 7 - 300 - 27334 - 1

Ⅰ.①王… Ⅱ.①王… Ⅲ.①作文课—教学研究—中小学
Ⅳ.① G633.342

中国版本图书馆 CIP 数据核字（2019）第 185809 号

王栋生作文教学笔记

王栋生　著

Wang Dongsheng Zuowen Jiaoxue Biji

出版发行	中国人民大学出版社			
社　　址	北京中关村大街 31 号		邮政编码	100080
电　　话	010 - 62511242（总编室）		010 - 62511770（质管部）	
	010 - 82501766（邮购部）		010 - 62514148（门市部）	
	010 - 62515195（发行公司）		010 - 62515275（盗版举报）	
网　　址	http://www.crup.com.cn			
经　　销	新华书店			
印　　刷	北京东君印刷有限公司			
开　　本	168 mm × 239 mm　16 开本		版　　次	2019 年 9 月第 1 版
印　　张	14　插页1		印　　次	2019 年 9 月第 1 次印刷
字　　数	185 000		定　　价	49.80 元

目录

第一辑　　激发对作文的爱

第三辑　听说读写，关键在"想"

第四辑 作文与思维品质

再版说明

  《王栋生作文教学笔记》于2012年出版后，得到老师们的鼓励，甚感欣慰。本次再版，限于篇幅，也考虑到体例，删去了与"笔记"有区分的第三辑"难忘的作文课"，并订正了个别字句。

  我在第一版自序中说过，全国有一百多万语文教师，每位老师都可以有自己的作文教学笔记，今天我仍然保持这样的认识。

王栋生

2019 年 3 月

自 序

常有老师问，写作教学要注意些什么，我才疏识浅，实在一言难尽。统而言之，不要把它当作难题，要多从自身的教学找原因，比如，对评价的观念和方式是否可做些反思，再就是究竟有无智慧。换个角度看，虽然基础教育不过是践行常识，但据此便认为写作教学轻而易举，有捷径可寻，那语文教师的职业技术含量也就不足挂齿了。

听说读写，"想"最重要；没有思想，不仅"听"与"读"能力低下，要能"说"会"写"更不可能，任教师如何辛苦也是"白搭"。学生不是机器，教学的目的更不是制造机器，机器只能被操纵，人必须有思想。多年来，"想"在教育教学中被忽略，学生缺乏自由的思想，缺乏怀疑批判的精神，也是语文教学备受诟病的主要原因。

坦率地说，我看不出自己的写作教学有何"成功"。我只能说，通过写作学习，学生有发展，有变化，很多学生不再怕写作。他们发现写作是一件令人愉快的事，知道写作是为了表达自我心灵，未必非要看作不朽之盛事；通过写作，他们知道世上的事没有那么简单，同样，世上的事也未必有多复杂；因为学写作，他们爱生活，爱人生，关注天下风云也关注柴米油盐；他们知道要和其他人沟通交流……当然，也有些学生的变化不明显，可能是我的智慧有限，也可能是时机还没成熟。教育教学往往就是这样，用了许多精力，却不容易看到成绩，即便有点儿结果，也可能要过上许多年，还不一定是有心栽种结出的。我是名教师，也是个写匠，对此有比较深的体会。

中小学12年的母语教学，路途不算短，我至多是那一排路灯中的一盏，而我的能力和体验都很有限，未必是最有智慧的，所以也只能在自己所担负的教学阶段尽最大的努力。这些年，我一直在摸索，教学之余，参编过不同类别的写作教程，后来又参加苏教版初高中语文教材的编写，我的体会是：要想编一套符合时代需求并能让所有的使用者都满意的教材是不可能的，任何努力都不可避免地带着某种局限，而只有融入了教师实践智慧的教材才是有价值的；对写作教学而言，教师的实践可能更为重要。现在，社会对语文教育的批评很多，然而，不深入中小学写作课堂，根本不会知道那里都发生了些什么。

这本笔记，不可能涵盖中小学写作教学的全部"教程"或知识，它仅仅是我个人的实践体会，其中也有许多值得记取的教训。几家杂志曾约我写作文教学实践方面的稿件，特别是《中学语文教学》的张蕾和王希文，腾出版面连载我的教学笔记，试图抛砖引玉，好在不过是老生常谈，并非做苦工，于是一写就是几年。想到这堆旧砖积多了，庶几可作为路石，给正在泥泞中摸索的人去垫脚，于是就有了这本小书。有几篇笔记在发表时可能用过别名"吴非"，望读者见谅。

为了方便，甚或因为我的卑微，选用了这个书名。全国有一百多万语文教师，每位老师都可以有自己的作文教学笔记。

是为序。

王栋生

2012年2月于南京

王栋生 作文教学笔记

N O T E

至少要有对写作的敬重和爱

常有老师问，怎样才能让学生热爱写作？这个问题太大。但是想到要引导学生热爱写作，也就有了解决问题的前提。学生处在一个敬重写作的环境中，耳濡目染，也会热心于写作，这和巴西的孩子从爱看足球到爱踢足球，从在穷街陋巷练脚到驰骋绿茵场，大致是一个道理。当然，说到足球，更多的人只爱观赏而不会踢球，那就是另一回事了。

写作的至高境界是热爱。一个人能爱写作，视写作为一种基本的生活方式和生活的必需内容，一天不写点儿东西就惘然若失，这样的写作已不追求所谓的"成功"，而成为生活的乐趣，是真正为人生的写作。学校的写作教学，也应当引导学生向往这种境界。

我经常感到苦恼的，是写作教学仍然缺少一个好的社会环境。政治运动频繁的那些年，文网密织，至今仍令写作者心惊；而"文科危险论"的阴魂仍未散尽，爱思考、爱写作，则被视为"不安分"。只要这类社会因素仍然存在，青少年的写作就不可能健康自由地发展。

再就是习惯势力和社会偏见的干扰。学校里常有教师议论"重理轻文"之类的话题，这个矛盾也像是老大难。我在经历了一些事之后，有这样一个判断：真正"重理"并有能力的人，一般不会"轻文"；"轻文"的人，往往并不善于学习，虽然他言必称"重理"，也未必有能去"重"的学力，因为他的根本的学习观是错误的。举凡近代著名的自然科学家，多"重理也重文"，看他们的文章，写得多好！在中学，"重理也重文"的理科教师，我也见过不少，他们对一切未知的事物都充满兴趣，六艺经传皆习之，往往是学生最敬佩的人物。而反观学校里主张"重理轻文"的教师，非但没有什么成就，眼界也很窄。他们的"轻文"，其实是严重缺乏文科学习能力的表现。他们的阅读量小，视野狭窄，特别是表达能力很差，常常连话也说不周全，经常被学生看不起。至于具体的写作能力，那就更差了。读他们撰写的论文，预先要准备许多时间，要很有耐心，有时还得委婉地劝说他们放弃。

为什么要谈这个问题？一些语文教师经常谈到其他学科教师对学生学习语文的干扰，在这种干扰下，学校的写作教学长期得不到重视。学校的一切都是教育。教师的行为和言论往往对学生有很大的影响，有些言行对学生是无意的暗示，有些本身就是示范。当一名理科教师公开对学生说"学不学语文无所谓"时，他那种落后残缺的学习观就是对学生学习意识的伤害。同样，一名语文教师如果没有具备相应的写作能力，他的学生也不大可能重视写作。在一些学校，学生的语文素养提高得快，常在于学校的整体教育观念正确，所有教师都能在完成所任学科教学的同时，尊重其他学科的教学。

多年前我做班主任时，任课的外语老师上课时对学生说："我很想看看你们的作文，不知道有没有机会。听王老师说你们的文章写得真棒，我从小最佩服会写文章的人。"在她任课期间，我的学生一直很喜欢她的教学态度。任课的数学老师曾对学生说："你们跟着王老师学写作，真好，我有时写了教学论文也请他帮忙看一看呢。"——我的学生会因此认为这位数学老师的写作水平不行吗？根本不会，他们一直认为他是全校教学水平最高的老师。学生从这些老师对写作的敬重，从他们所表现出的对写作的向往，看到了优秀教师的学养，因而更敬重他们。最近我读了两位老师的教育笔记，一位是山东泰安的中学生物老师，一位是江苏常熟的小学外语老师，我很佩服，可以说，她们比绝大多数语文老师会写、能写，如果她们来教语文，教写作，也会是合格的老师。

最有价值的是对写作的爱，至少要能有对写作的敬重。在学校里应当形成从校长到教师、到学生，人人敬重写作的良好风气。写作是一种基本能力，不是某个学科学习所独有的目标，也如我们虽要求每个人识字，可识字不仅仅是语文学科的学习任务一样。学校教育中，每个学科都需要学生具备写作或口头表达的能力，哪个学科可以例外呢？有人曾开玩笑说体育可以例外，可是体育老师认为这是对体育学科教学的曲解和轻视，甚至是无知。

我们可以看到，一所学校的学习风气对学生会有影响。如果一名学生因为热爱写作而在学校里被认为"不务正业"，那么这所学校的文科教育就不会正常，一切教学都会走向功利，学校的人文环境就不会好，从那里走出来的人的气质就可能很猥琐。我所在的学校是原来的中央大学附中，历史上出过一些热爱写作的人，如巴金和胡风。在这所学校学习时，他们感受到了教师的博学，更感受到了教师的大气与宽容。对于学生的学习，他们不主张偏废，但也不强求全面，而是关注学生学习个性和兴趣的培养。直到20世纪50年代，教师对学生学习个性的包容，让许多个别学科学习有困难的学生得以在这里度过了愉快的中学时代，并成为对社会有用的人。

每年年末，我都要参加一年一度的省作文大赛评选。作为老评委，每次大赛，我都对学生充满期待。我总是会想：今年会遇到多少有才情的学生？他们将怎样借着赛题，写出自己的生命歌唱？今年的参赛学生会带着一种什么样的希望而来，会以一种什么样的心态看待大赛，又将带着什么样的心情回到语文课堂？不可否认，很多学生只是为了获奖而来（他们很希望这个奖对他们在升学的推荐或保送上起作用）。然而我最想见到的，还是那些"潇洒"的学生。他们来到这里，好像就是想看看，除了学校那些应试作文，有没有他们感兴趣的写作天地；他们对名次好像并不在意，而只在意能不能随心所欲地愉快地写上一回。在评选中，总能看到一些有独特见解、独特表达的学生，他们无所顾忌地阐述自己的观点，纵情地讴歌心中的美与生活；他们的写作毫无媚骨，他们也根本没想到要"顺着杆儿爬",去迎合评委的喜好;他们自由自在,一副"不在乎"的样子……这就让我特别喜欢。有时我会拿着这样的作文,想象这些学生写作时的样子,也想象他们老师的样子。远离名利,才能有生命的歌唱。这些能保持自己的意志、寻找快乐的学生,就是社会进步的希望啊。

要能让学生看到一点一滴的进步

经常听到老师们感叹改作文如受罪，埋怨学生不会写作文。我理解这种心情。每位语文老师都希望看到学生的好作文，一来看好文章是享受，二来可以看到自己的教学实绩，把工作和享受结合起来，就不会觉得太疲劳。只是这样的愉快毕竟很少。我也有过这样的感觉，特别是近些年，每个班只有那么几个写作能力比较突出的学生，如果不按序号批改作文，一下子把这几篇优秀的集中看了，接下来往往就难有什么惊喜了。对教师来说，这样的心理不一定正常。我们的写作教学，要能看到学生一点一滴的进步，特别是不能让写作有困难的学生丧失信心。

我注意到，每次发批改好的作文，学生往往不怎么兴奋，因为分数升降并不大。多少分是"合格"，多少分是"优秀"，老师、学生都得有数。中考、高考作文有"基准分""切入分"，写成什么样可以得到这样的分数，阅卷人必须有数，考生也得有这方面的经验。同样，教学作文评分也应当有个适当的标准。与高考不同的是，教师没有必要把那个"基准分""切入分"定得过低。高考作文阅卷控制分数、等次，是为了那个所谓的"选拔"；而平时作文，如果分数过低，学生就会认为写作不是一般人能学好的。我平时批作文，分数多在80分左右，我的同事也大多如此。

我常常想：很多教师总是叹息"作文教学低效"，似乎自己付出了许多劳动，没有得到应有的"收成"，遭受了很大的损失。然而，这些教师可能没有想到，学生的损失更大——付出了很大的代价，也学了很多年，仍然不会写或是写不好，甚至丧失了写作的信心。有个高二学生曾对我说，他从小学到高一，各门课的作业中唯一没有得到80分以上的就是作文，以至于第一次得了一个"82分"时，他竟然怀疑老师的水平是不是下降了。为什么该生从小学到高中的几百篇作文，竟然没有一篇能让老师看上眼？这名学生的运气也太差了。——当然，也可能是他的运气太好了，遇上的竟然全是严师！

教师不要太吝啬那点儿分数，学生的作文写得好，给个100分又怎么样？凭什么作文不能打满分？这种心态不对。学生的数学、物理和化学作业，很容易就能得到满分，而作文却难有得90分以上的机会。这种作文不能打高分的观念是什么时候形成的？有道理吗？

我看过一些教师批改的作文，他们改得很吃力，满纸红字、红杠。他们诉苦道："几乎要替学生写一遍。"这真是吃力不讨好，根本没有必要这样精批细改。学生作文，不过是练习写作，不是要发表与传播，更不是撰盛世书表以期不朽，何必要像创作经典那样精益求精呢？再说，那分数是黄金？是战略物资？必须这样严格控制？

完全没有必要把写作教学奉作经天纬地之大业，十多岁的学生，写篇千儿八百字的作文，犯不着沐浴焚香，像敬神一般；教师改作文，也犯不着那样毕恭毕敬。——这是日常学习，不是决战决策，太当回事了，失了平常心，怎么可能写得好？

回顾教学经历中的一些个案，也很有意思。有不少文章写得好的学生，其他各科成绩平平，有的甚至连语文成绩也并不高。20多年前，有位学生留级到我班上，她的六门主课均不及格，但因为读书多，随笔写得特别动人。后来她以一篇文章在年级出名（那篇文章被全国十多家报刊转载，并受到冰心先生的赏识），因此找到了自信。这次成功支撑她度过了高中时代，她后来生活得很好。有些学生选择写作可能有特殊的原因（比如消沉、自卑），教师评价时要特别予以关注。在学校里，数理化学习可以用一个尺度去衡量、评价，相对而言，写作（尤其是创作）却没有固定的评价尺度，所以，一些学习有障碍的学生愿意选择写作来填充自己的生活。他们未必想当作家，只是想从这里寻找安慰和寄托。后来我每遇到类似的学生，总是留心发挥他们的作文优势，帮助他们树立学习的信心，找到前行的动力。如果他们的作文够得上八十一二分，我总会往上再提一点儿，打个85分——作文的85分在班上是比较高的成绩。我这样做，没有什么理由，就是想让他们比一般同学更多地、更早地看到光明，看到希望。——需要说明的是：我在考试中没有这样做，流水阅卷后，更不可能这样做。我只想让这些学生知道自己还有一"长"。事实也证明，这样做没有什么副作用。我有不少这样的学生，他们把学校教的东西差不多都忘了，但至今不畏惧写作。

特别是在那些写作基础比较弱的教学班，一定要坚持不提过高要求，想方设法让学生看到作文的进步。对写作有困难的学生，批改其作文时要特别予以注意：全篇好，当然要大力表扬；全篇一般，但有一段写得好，不妨高度肯定这一段，这有可能使他反复地琢磨这一段的好处，并设法把每一段都写好；文章全篇很平，也找不到突出的段落，但有一两句话说得不错，就给他打上波浪线，加旁批，表扬这几句话"写得有意思""说得清爽明白"，让他看到自己的作文还有符合要求的地方；从头到尾乏善可陈的，我有时还会设法写上一句"标点准确""字迹工整"……总之，在学习阶段，要永远让他看到希望。

这样做是不是"媚俗"？不是。在我教过的班中，学生的写作能力总是参差不齐。写作能力强的，每学期都有文章在公开刊物上发表；个别特殊学生的写作水平仅相当于小学五六年级，连写满500字都有困难，而且没有办法把语句写通顺。后一部分学生也是未成年人，我管不了他们是如何进入这所学校的，可既然他们被录取了，我只能尽我所能帮助他们提高写作水平。我在学校工作了一些年后才意识到必须这样做。记得曾有老师私下问我这样做的教育学依据是什么，我说"说不清"。我只知道学生的需要，同时我也看到，这些学生从这里感受到老师的善意，并开始为此努力。

　　我小学三四年级时，作文不太好，五年级时，我的作文第一次得到一个"5⁻"。老师当年究竟为什么要给我这个"5⁻"，我不清楚，她肯定也早就忘了。可是这个"5⁻"对我极其重要：从那时起，我就爱上了写作，而且一直写到了今天。我几乎说不清为什么，就是喜欢写。50多年过去了，现在看到学生的作文，我常常有一种猜想：他希望得一个什么样的分数呢？是这次就鼓励他，还是再等一次？总之，每个学生都期望一点点鼓励，教师如果能把握好时机，就有可能让学生看到一片新的天地。

敢写，就好办了

有不少特立独行的学生，他们的言行让我的教育记忆变得丰富而有价值。这些学生绝非异端，他们品格纯正，修养很好，从不妨碍他人；他们尊重老师和同学，规规矩矩地做值日，从不以怪异行为吸引别人的注意。他们的独特，表现在有自己的思想，在写作上敢于无所畏惧地表达个人意志。

观察这些学生的写作，我发现，他们之所以能写好，往往是因为敢想、敢写。在学校生活中，他们能毫无顾忌地表达自己的爱憎，对教师不得不例行的各种教诲，也能表现出青年应有的宽容。曾有位学生对我不得不逐项填写"班级工作汇报表"感到不解，当他得知老师上报材料必须是这样一种格式时，马上说："我对老师表示极大的同情。"这些学生淡泊名利，不会为当选所谓的"三好生""优秀学生干部"而放弃自己的某些主张。他们的作文往往直白，"开口见喉咙"，不绕弯子。倒是我这个做老师的有时有些谨小慎微，不断地悄悄提醒他们"小心，不能给别人看"。

我后来想到，很多学生就是因为教师的小心谨慎，失去了写作的"胆"，继而也就无法"识"，也就没有了"见"。如果"敢写"，天地就变大了，锻炼的机会就多了，相应的能力提高也就顺理成章了。

让学生"敢于下手"，并让他们在不断的练习中走向"熟练"，可能也是写作教学的常识。我年轻时记下的一些事，影响了我后来的教学观念。

丘吉尔40岁时曾赋闲住在乡下，想学绘画，便买了一套油画工具。

准备好了调色板，画布也摆在面前了，可是那支画笔却重如千斤，"悬在空中无从落下。我小心翼翼地用一支很小的画笔蘸一点点蓝颜料，然后战战兢兢地在咄咄逼人的雪白画布上画了大概像一颗小豆子那么大的一笔"（丘吉尔《我与绘画的缘分》）。此时来了一辆汽车，访问他的是肖像画画家约翰·赖弗瑞爵士的太太。她看到了初学者对画布的恐惧，二话不说，抓起笔搅拌颜料，在画布上大力涂了几笔蓝色。——原来，绘画不过如此。"紧箍咒"就这样被打破了，从此丘吉尔再也不怕画布了。他写道："这个胆大妄为的开端是绘画艺术极重要的一个部分。我们不要野心太大。我们并不希冀传世之作。能够在一盒颜料中其乐陶陶，我们就心满意足了。而要这样，大胆则是唯一的门票。"我对绘画艺术所知不多，但我认为，丘吉尔不敢下笔的恐惧是人首次接触未知领域时的常态。每看到学生不敢下笔写作，我就会想起后来在二战中临危不惧的丘吉尔，我会对学生说："不就是学写作文吗？你以为这几行字要传世啊！"大家伙一笑，"紧箍咒"也就被打破了。

"文革"中曾有报道，河南某县人民医院的外科医生做断肢再植手术的成功率很高，而我当时只知道上海第六人民医院的断肢再植享有盛名。有外科医生告诉我，当年他从医学院毕业后，被分配在县级医院，上台做手术的机会多，因为这类医院没有著名专家，没有别人可以超过他，手术只有他能做，他因此成了"权威"，用他的话说，即"胆子是练大的"。还有个故事。二战期间斯大林去出席雅尔塔会议，空军小心翼翼地在机场为傲慢的统帅准备了两架飞机，一架由上将亲自开，一架由中校开，听凭钦点。斯大林说，还是乘中校开的吧，上将不常飞行，不可靠。——我认为，这些"经验"值得注意，教师可以从这类事中获得启发。我们常看到，教师在进行理科竞赛辅导时，做题往往比学生谨慎，考虑问题很周密，而学生拿到手就做，速度很快。为什么？因为他们是学生，他们可以犯错误。教师对一个问题的思虑比学生复杂，因为他们是"师"，他们不但要保证正确，而且要考虑精当。

儿童在面对猛兽时往往能无所畏惧，可他们对学习却产生恐惧，其原因往往在于教师与家长不断的暗示或强调。对某些成人而言，写作真是要有些胆量。他们的顾虑实在太多了，他们拿起笔时，会像心里有鬼似的东张西望，又会像头上悬着利剑一样忐忑不安；可是对儿童来说，他们只要把看到的事物写在纸上就行了，如果没有老师在一旁说三道四，他们的动作还要更快呢。到幼儿园去看娃娃学画，有什么"像不像"的？他们画一个歪歪扭扭的破房子，硬说是天安门，画一个形状像土豆似的东西，硬说是一个人——你能对他讲什么道理？他画个鬼头说是爸爸，他爸爸不也很高兴吗？

对有些老师而言，他们做的最有害的事，还不是让学生的作文走入套路和模式，而是制造各种各样的束缚，让学生惮于写作。我们在中小学都可以看到这样的情况：老师"教"得很累，学生学得很苦；老师苦口婆心，山穷水尽，学生仍然怕写。

有些老师像是完全没有写作经历，甚至干扰学生的写作练习。某次在期刊上看到一位老师的"教学心得"。这位老师说以前学生当堂作文时，她都是看报纸的，某次没带报纸，无意间看到有个学生"写不下去"，她指导后，学生顺利完成了作文。从此，作文课上她不看报纸了，她挨个儿看，学生一边写她一边指导，不时还要大声提醒他们注意某方面的问题，"效果很好"。——学生每写两三行字就被她吆喝一次，这课堂是马戏团还是猪圈？就凭她把这种做法当作"经验"，就知道她是多么自以为是。体育赛场边声嘶力竭跳来蹦去的教练，专业修养一般不会太高——如果运动员有脑袋，不需要他喊；如果运动员没头脑，他再怎么喊叫也没用。学生写作，不过是在"练习"，不过是在尝试，老师凭什么要干扰他？为什么不让他先尽情地写出来？老师究竟有没有问过学生的感受？为什么没想到这种"指导"会让学生丧失写作自信？我想，这个班上肯定有学生和我一样，认为她还是独自安静地看报纸为好。

十多年前，有些同事让我指导他们读小学的孩子，前后有五六个。

我总喜欢和孩子们说一些寻常事，比如放学回家的"路队"，为什么"路队长"大多数都是女生？学校门口摆小摊的为什么多是老年人？卖冷饮的小贩天热时自己有没有吃冷饮？有没有和陌生人说话的经历？……小孩子说话没什么忌讳，比如他会在习作中写："区里到我们学校检查，在我们班听课，我们老师今天对小朋友讲话特别特别亲切……"如果那位老师看到这几行字，可能会不自在，但小学生不会认为自己说错了什么，因为他写的的确是事实。几乎每个孩子都有过一段"不怕写"的经历，而我的鼓励也只能管那么一小段时间——我只和他们谈一次，而他们的老师却可能每天都在指出他们的各种不足。

我读小学、中学时，政治运动多，老师们常常胆战心惊。记得上初二时，因为看了《芥子园画谱》，非常喜爱山川的清远，又读了些古诗，于是在作文中写了"我想隐居"。——这与当时的"社会主义教育运动""反修防修"以及"做共产主义接班人"的距离有多远哪！我的语文老师是个有"历史问题"的人，早就是惊弓之鸟，他在评语中写"要批判封建士大夫的生活方式，要投入到火热的生活中去"（大意）。虽然我从此不可能再在作文中真实地写"我的愿望"，可是私下仍一直憧憬着江野渔樵的自在。

我成为教师后，偶尔也对学生的某些"消极意识"感到担忧，但我注意到这些学生是在真实地表达自我，而且他们不过是"学生"，为什么不可以停下来做做白日梦？为什么不可以释放一些怨气？教师可以在办公室发点儿牢骚，甚至消极一段时间，为什么要让学生把想说的话全埋葬在内心深处？这岂非是"合理的虚伪"？

我们为什么不认真思考：一些孩子从"什么都敢说"到"什么都不会写"，也只用了十年？

现在，看到学生能自由地写，不像我们当年那样首鼠两端、畏首畏尾，我就觉得，社会在用几代人的命运付了学费后，还是有进步的。20世纪80年代，我在教学中曾主张让学生自由地写，在主办文学社刊物时发表过一些"离经叛道"的学生习作，当时学生感谢我的宽容和宽松。现在，我则要感谢那些敢想、敢说、敢写的学生，如果不是他们的"敢"，我改造教学的勇气和动力可能会很有限。

读写如何"结合"

作文的过程，是激发思维、召唤情感的过程，对少年儿童来说，可能是一种"自我发现"或"精神觉醒"，有一定的启蒙作用。相对于中学生，小学生的生活积累和阅读积累比较有限，他们对生活有朦胧模糊的认识，有比较单纯的思想情感和心理感受，这些思想和情感会随着积累的丰富和更多的体验而逐渐复杂起来，逐渐形成自己的逻辑、自己的观点。热爱写作的儿童，他们的想象力和对事物的感悟力明显要强。

现今的小学教育界，对儿童阅读的重要性，认识上已没有太大的分歧，但是读什么、写什么、怎么写，一些教师仍然感到缺乏明晰的理念和可行的措施。"读"与"写"的关系无法分割，是常识，然而到了具体的教学环节，教师对此仍然有不同的认识。

写作者不可能没有阅读的积累，所谓"读书破万卷，下笔如有神"，我童年时，几乎每位语文教师都这样教诲小学生。当年我们的阅读是不可能"破万卷"的，那个要求太高，于是我们对能写好作文不抱什么希望。我们只能"现炒现卖"——看了什么文章，就模仿它的基本内容或是结构，甚至更少，仅模仿它的结尾或是某句抒情，"也来那么一下子"。现在看来，那种模仿是最低级的"读写结合"，但是儿童最早的学习不得不靠这样一点一滴的积累。

儿童的读写结合，首先可能还得解决"读什么"的问题。

和儿童营养学原理一样，儿童阅读的，应当是好的语文文本，比如，在起始阶段，儿童适合接触语言简洁、表达清晰的短文或有趣的故事。由于儿童生来有模仿能力，这些阅读文本便很可能成为他写作的"指南"，并助其逐步形成基本的判断习惯，故而这类选择从开始就不能错。又由于儿童有基本的感悟力，接触到真善美的事物，会有心灵的感动，会形成永不磨灭的记忆，所以，那些美好的童话故事会让他知道，结尾的"从此他们过上了幸福的生活"是多么重要！

在这方面有许多教训。我们那一代人读小学时，已不主张读童话了，特别是外国童话。教材与课外读物中，鲜有今之所谓的"真善美"。当年由于政治运动多，语文课本的革命题材较多，脱离生活，思想单一化。1958年我上小学二年级时，正逢"总路线、大跃进、人民公社"高潮，我们每天能看到的，就是满街的标语口号。上学或放学路上，同学们会一边走一边大声地读这些标语，我至今不忘；在记忆力最好的岁月，我们过多地接受了这类语言，作文中的空话、大话自然也就多了起来。

我们那一代人的发展之所以走了许多弯路，是因为政治运动的干扰和控制，也因为在那样的干扰下，思维逐渐僵化，语言开始板滞，从而进一步制约了个人语文能力的发展。对那个时代"过来人"的状态做分析，可以发现，仍然是阅读的差异，导致了思维的差异，进而使人形成了不同的人格和学养。在那个时代，热爱文学、视野广阔的儿童，即使同样处在苦难之中，其承受能力也要比同龄人更强，因为除了共同的社会生活环境，他个人还多了一个阅读的世界。在那个世界里，他可以有自己的精神寄托，找到精神偶像。他的视野比一般人开阔，境界比同龄人略高，他克服困难的能力自然就会不同一般。

改革开放以来，社会环境的变化对语文教育是有利的。思想的开放和物质条件的丰富，首先体现在阅读领域的开放与发展。现今可供中小学生使用的课外读物，是有史以来最丰富的。然而奇怪的事也出现了：在功利主义教育观的影响下，大批儿童把最宝贵的时间用于学习"艺术特长"，参加各种竞赛与"考级"，以其为今后升入名校的敲门砖，而放弃了最重要的阅读积累。殊为可惜，也可悲。

目前对儿童阅读的讨论范围，已不限于语文教科书，早就拓展到课外阅读领域。这说明，对尽可能地增加阅读积累，语文教师没有什么异议。至于如何"结合"，有些做法就值得讨论了。

语文教科书的容量远远低于学生的阅读需求，因为"课文不过是个例子"，而仅有"例子"是不够的。从"写"的要求出发，如果仅仅能模仿某篇"例子"，这样的"读写结合"效果有限，很可能会出现全班学生用同一格式、模仿同一题材的现象，唯一的差异，往往也就在于语言表达是否清晰生动。如此训练，非但使教学变得无趣，更值得警惕的是，可能会培养出没有想象力和创造意识的学生。我不太主张这种过于"紧密"的"读写结合"。有些小学教师习惯用一种方法，即课堂上教了什么课文，马上就让学生照猫画虎般地"练一练"，活学活用，现学现用，"立竿见影"。这种方法，对一部分学生固然会有用，比如掌握肖像描写或是景物描写的路数，学习写一组排比句，写一个完整的动作，等等，但与此同时，也会无意间把功利的阅读观传达给学生。为什么要那么急切地"结合"呢？真正有价值的收获，也许会在未来的某一时刻自然出现，因为"悟"要靠积累，"悟"的程度也不可能一样。能不能在形成一定的积累之后再启发学生"用"呢？

也许很多语文教师的困惑也在这里。教师要尽可能扩大学生的视野，调动他们的阅读积累，引导他们学习经典作品，这个道理谁都明白，关键在于课堂如何"落实"，用什么措施。

在初中阶段，仍然有"读写结合当堂练"，由于学校生源不同，教学程度缺乏可比性，在起始年级，针对某些教学班的实际情况，适当地做一些"当堂练"是可以的。我感到困惑的是，有些高中教师也坚持"现学现做"，如学习某段课文后，"当堂训练"，让学生写一段200字的小作文，并且当堂讲评。——试图以这样的教学去应付高考作文，也许有点儿作用；如果以为这种"结合"是提高写作能力的"正途"，我认为实际效果值得怀疑，更何况一节课时间有限，学生往往完不成任务。这类"现读现写"，可能低估了高中生的学习理解力，也可能因为阅读文本的某种局限而误导学生。更何况中小学母语教学长达12年，从小学三年级的"写片段"或"习作"开始，写作经历将近10年，总不能只用一个"当堂训练"来解决吧？有位高中老师开公开课，课后有专家评课，批评他"只说没练"，这位老师的疑惑是："高二还要这样做，教学会不会弱智化？"

"读写结合"，不能那么急功近利。语文教学最像种庄稼，阅读化为精神与知识的积累，需要一个过程。这个过程可能比较长，而唯其长，才能"厚实""扎实""结实"。如果上课播种，期待45分钟内就能开花、结果，下课就能收获，这会导致学生对母语教育产生误解，同时对教育失去应有的敬重。以我的经验，学生若在阅读中有自己的发现，有自己的感悟，往往要通过某个途径、某个方式把自己的心得表现出来，这就是自我表达的激情，这就是写作的欲望。目前的阅读教学和课外阅读指导中，仍然是教师急急忙忙地"种"，分秒必争地"收"；各种各样的"告诉"多，学生"自主发现"或"怦然心动"少；有些读物则直接暗示与考试的某种关联，用"参考答案"束缚学生，不重视他们作为阅读者的独特体验；教师的阅读教学往往忽视问题的提出，没有安排时间让学生自由地言说，总是按"教程"直接"训练"写作，学生被动学习，加上"底子"不厚实，章法训练的效果往往也就很有限了。

结合阅读作品，引导学生关注一个实例，启发学生发现课文的一处优点，因势利导，介绍一点儿浅显的写作技巧，让学生记得住，这是通常做法。如果条件好一些，可以做进一步的努力，启发学生关注阅读文本，交流各自不同的感悟；不要求全班"统一认识"，允许并鼓励个性化的阅读，这就有可能让一部分学生的阅读得到肯定，同时让他们有机会展现自己的写作兴趣。有了这个基础，再进一步：如果教学中的"读"给了学生更多的自由，学生自己能从课外阅读中汲取营养，把获得的经验用到自己对生活的观察和思考上，同时有了一个更大的表达思考和情感的天地，那么这时候，教师就可以不教他了。

"这是写给你看的"

以我有限的经验来看，如果学生在作文中敢于自由地表达情感和意志，要提高他的写作水平便不是一件很难的事。如果想让学生无所顾忌地去写，教师必须是个开明的人。

有独立意志的学生最怕愚昧而固执的教师。客观地看，在高中，教师的智慧要低于50名学生之和，他的阅读视野也可能要小于50名学生之和，因为高中阶段是学生学习能量最大的时期。学生懂的好多东西，教师并不懂，这些已经为现实所证明。我至今遇到诸如动漫和流行音乐方面的问题，只要问学生，肯定有人知道；有些稀罕事，全班至少也有一两个人知道。我从不敢贬低学生的爱好，因为兴趣是最好的教师，学生一旦对一件事有了兴趣，就会持续地在这方面努力。同样，我现在不会像年轻时那样轻易对学生做判断了，因为每个人都是一本书，谁知道下一页有些什么内容呢？信任，宽容，尊重，开明……发展学生的写作能力，有时也要用到当班主任时的耐心和细致。有位学生曾在高二时去参加"选秀"，老师们不以为然；我也认为青年要远离名利场，但我觉得应当尊重她的选择。这位同学在组织班级活动方面有超乎寻常的能力，也常有自己的创意，她敢在作文中展示自我，从来都是实话实说。多年后，她从海外给我写了一封信，对自己高中时代的明星梦感到可笑。那封信写得非常质朴，纯净得和蓝天一样。我想到，学生之所以能在多年后仍保持这样的写作激情，并给一个接触并不多的语文老师写信，可能仅仅在于我当时的宽容。

多年前，有学生在当天交来的随笔本中夹了一张纸条，只有一行字："这是写给你看的，只能你一个人看。"我认为没有什么不能公开的观点，只不过小孩子有些任性，但既然学生明确交代了，那就要给予尊重。

教师要尊重学生自由写作的权利。学生在作文或随笔中写什么，是要看教师的——既看教师的专业水平，又看教师的胸襟与识见。如果教师能懂得这种信任，学生就敢于在作文中真诚自由地表达。很多老师私下都谈到，有些学生的作文很大胆，不但敢于发表对社会问题的见解，而且敢于把私密性的故事写给老师看。学生从老师这里获得了鼓励，获得了默许，便没有了思想束缚，在自由表达的过程中获得了愉快，也获得了写作的智慧。从这些学生的作文中，我看到的是信任。这样的待遇，不是所有的教师都能获得的。

因为要因材施教，教师在教学过程中会观察学生。就作文教学而言，教师在每带一届新班时，往往通过第一次作文的批阅就能发现学生在写作方面的长短。当教师欣然自得地检阅新班的"写作高手"时，可能的标准是"对口味"：看是否符合教师的作文观或评价标准。这种习惯往往会令教师忽略另一批学生的存在。其实，学生也在悄悄地观察教师，他可能会用一篇文章试探教师的思想开放度。这种"投石问路"的现象在高中教学中可能更多。在当今的教学风气下，学生非常在意教师的评价，因此他不得不重视在起始阶段留给教师的印象。我不止一次地发现学生在第一次作文中勇敢地展示真实的自我（我称之为"有名片意识"）。学生在作文中"掏出心来"了，教师应当庆幸自己遇上了赤子。初中或高中作文教学的起始阶段，一定要多给学生一些鼓励，因为换了环境，换了教师，学生总会有新的期待。教师如果懂得学生的心理，在第一次批改作文中，可以细一些，尽可能发现并肯定学生的长处，和学生做一点儿对话，这对学生的发展将是非常有益的。

你对他宽一些，他会觉得"言路通畅"，就敢于自由地去想，自由地去写。思想在自由的环境中纵情地飞，他抒发情感便能无所顾忌，沉醉在忘我的境界之中……20世纪二三十年代，文坛星汉灿烂，留下的那些名作，多是作者在20多岁写就的。也许每一名杰出文学家在人生中，都会遇上一位或几位杰出的教师。那些教师在写作方面不一定高于学生，但一定懂得如何"教"。是他们，开拓了学生自由表达的空间；是他们，启发了学生追求自由的思想。

相反，如果学生在新班的第一篇作文批语上就看到了一位思想不太开明的教师，他可能很失望，也可能悚然为戒，从此不犯你的忌讳。他会谨慎小心地写一些"大路货"交给你，他会表现得循规蹈矩，他会学着察言观色、人云亦云，他会谨慎小心地磨去文章的棱角，试图从你这里得到肯定——虽然他内心未必接受。心灵的窗户悄悄地关上了，不知道下一次什么时候才会试探性地再打开一道缝。

教师是学生的倾诉对象。通常情况下，学生的作文往往只有一个读者，也就是语文教师。更有许多家长从来都没有看过子女的作文，他们甚至会找到教师问："你们为什么不让学生写作文？""为什么我从来没有看到孩子的作文？"——他们不知道，其他作业可以看，但作文不是随便就能看的，因为那是一个人的心灵世界。

做一个让学生信任的语文教师吧。

"我在星期三写不好作文"

好多年前，我给高三学生开讲座，提到鲁迅在《答北斗杂志社问——创作要怎样才会好？》一文中说"写不出的时候不硬写"，场上学生都大笑起来。坐在前排的学生说："我们一直在'硬写'。""高三练的就是'硬写'。"他们说的全对，现在的作文教学往往就是"硬教、硬写"。作家创作和写作训练，也不完全是两回事。当今很多会写文章的人，可能也是被"硬写"逼出来的；但是喜欢写文章的人，肯定不是这种"硬写"能逼出来的。

有一届我教两个班，语文两节连堂，安排在星期三，一上午就得上四节课；课表相对固定，三四个学期都没变。连上四节课很累，习惯的做法，便是在这天安排作文。可是每次都会有几个学生不能准时完成。交上来的作文，也多有应付差事的。学生显然不在状态。有个写作水平一般的学生抱怨："我在星期三写不好作文。"记得当时问过他："那么，你在哪一天能写得最好？"学生说："没准，反正星期三这天脑袋里一片空白。"他说的这个"没准"，是符合常人写作状态的。

现在的"硬写"是"在规定的时间（一节课）、规定的地点（教室）完成作文"——说句笑话：这不也是一种"双规"吗？——明明他在这会儿写不好，完全没有情绪，又不得不写，只能勉强地写、硬写，交了差，混个70分，就很满足。可是，以这样的情绪学写作，会有效果吗？

教师不也有这样的状态吗？我们有的老师写点儿文章，也经常一拖再拖。他会怎么说？他会说"没感觉"，给他半年、一年时间也可能交不出来。他说句"没感觉",就可以不交或迟交,甚至一个字都不写,可是学生却不行,学生如果三五次不交,就违纪了。这样的作业规定虽然也有问题,但毕竟是共同遵守的规则。然而如果谁用这种规定强迫教师写,教师肯定难以接受。那么,作为教师,我们是不是应当注意学生被迫"硬写"时的感受呢?

不妨换位思考:如果学生的确在这一天想不出该写什么,该怎么写,怎么办?硬让他"糊"一篇、"凑"一篇?教师常见到这样的情况:一个班50多人,三五人当堂交不出作文;更多的人,会"糊",会"灌水",把字数凑足交上去,不讲究质量。为什么在规定时间内的作文效果并不理想?可能因为写作训练不同于理科作业,更多的是一种精神层面的活动,讲究"当堂",效果就难有保证了。

平时的作文要求可以灵活一些。这不是高考,也不是学期检测,不能讨价还价。尤其在起始年级,在平时的写作练习中,可不可以宽松一些,给学生一点儿自由?几乎所有语文教师都发现:学生的随笔比课堂作文中看。为什么会这样?除了内容可以"随",那个"不用当堂交",不也是一种"随"吗?

学生说"我在星期三写不好作文",不是没有道理的。如果我们硬逼他交,他也未必写不出来,可是他没有愉快,没有找到写作的感觉,即便完成了作文,却没得到趣味,也很难形成经验。如果允许他在一周内的任何一天完成作文,至少可以让他视为镣铐的束缚少一些,他便有可能在所获得的相对自由的天地中找到些灵感,并将其转化为自己的写作经验。

有位初中教师暑假布置了八篇作文,有学生严格按照她的要求,"每个星期写一篇",也有同学为了出门玩,一天写两三篇。我知道的一名学生,三个星期没写一个字,忽然有一天,一口气把八篇全写完了,每篇的篇幅也不短,共7000多字,这是很不容易的。学生说那天自己"特别来劲儿","一写就刹不住了","觉得有好多东西涌出来","写完八篇还觉得有话想说"……13岁的孩子,描述出的写作状态大概很像亢奋中的巴尔扎克。这一天他很有灵感，这一天他特别想写，这一天他终于有了重大突破……而且，这一天会永远被他记在心中，成为他真正热爱写作的"第一天"。我甚至想到，也许学生在有了这样的经历之后，才愿意主动去学许多东西，这种状态下，教师的"教"也许才是有用的。

我曾发现一名高一学生做作业拖拉，连续两周随笔没交。可是有一天，他把随笔本放在我的桌上，里面一共有六篇，都是新写的，其中有一篇长达2000多字。看内容，这六篇好像是一两天之内写成的。我于是想到，这位同学或许也有过"我在星期三写不好作文"的苦恼。可是在那一两天中，他的文思像流水一样淌着，淌成了一条河……

给学生一些学习的自由吧，教室可以成为学生犯点儿错误的地方；让有困难的学生选择作文的时间吧，让他们从我们的教学中得到愉快。我们的学生不是士兵，他们在写一篇作文——这篇作文和生死、成败暂时无关，却和愉快、幸福有关。我们要让学生感受教育的幸福，而不是把学习看成一种负担；我们需要的是学生对写作的热爱，是一个一个具体的人的生命幸福，而未必需要他们像士兵一样迈着整齐的步伐，分秒不差地通过检阅台。

我在设想，可不可以有这样一个阶段：暂且把规则放在一边，在起始年级，允许一部分学生在自由的时间内完成作文？

杭州外国语学校一位老师曾告诉我，她每学期会布置八篇作文，学生在任何时候交作文都可以：可以一次交八篇，也可以一篇篇地交，还可以三篇同时交。有拖欠的吗？没有。——教师对学生宽仁，学生不会不讲信用。当然，如果教师摆着个牢头般的脸，允许学生推迟一两天交作文便像免了他们的杀威棒一样，学生则会把教师的"改革"当作心血来潮，会以为这不过是在作秀。至少，我们不该因为少数学生缺乏信用，而让大多数学生失去得到幸福的机会。

我们总是对学生说，写作是愉快的，那就让学生享受一下写作的愉快吧，让他们在自己喜欢的时候写自己喜欢的事。——可能也只有在这样的时刻，学生的作文能力才有可能真正得到提高。有一个学期，我几乎把作文全安排到课外去做。虽然我的学生写作能力并没有特别的提高，但他们至少不会有"当堂交卷"那样的恐慌和无奈。我的一些同事也经常预先布置作文，给学生一周时间考虑，他们这样对学生说："你们什么时候想写了就写起来。""作文在感觉轻松的时候写最好。"……

这样做的好处是，学生可以有充足的时间思考。在这个时间段中，他们可以逐渐体会到，什么是"构思""斟酌"，什么是"安排""谋篇布局"，什么叫作"推敲""锤字炼句"……写作的愉快渗透在这样的过程中，真正的经验也就在这样的过程中得以积累，逐渐地他们便可以熟练使用自己摸索出的门道，最后，就有可能在规定的时间内写得比一般人好一些。

爱诗的学生写作能力强

30年前，我刚到南京师范大学附属中学工作，有一回在办公室，李老师给我看一篇作文，说看了之后很感动。作者是位高三女生，她自述"人生灰暗"，写了"文革"给家庭留下的伤痕，写了同龄人的淡漠，写了对前路的迷茫，内容丰富，铺排得很有章法。可是，她将怎样"收"呢？我看到一半，就开始猜。文章最后一段是这样写的："冬日，清晨，上学路上，汽笛声，自行车铃声，喧闹的马路，偶然地一回首，一轮红日从大路对面的厂房上缓缓升出，亮了，开始耀眼……我忘情地站在那里，忘记了一切，泪水挂在脸颊……"

"其实她并不'灰'，爱诗。"李老师说。我反复看她的作文，想象着那会是个什么样的女孩。隔了有两个月，李老师带了一位女生到我办公室，说："你喜欢的那篇作文就是她写的。"女孩微笑，大大方方地看着我，她很普通，和我想象的有些不一样。那以后我逐渐认识到，其实每个学生都可以成为诗人，只是有些学生的诗意埋在心灵深处而已。

语文教师总会遇上几个爱诗的学生。这些学生迷上诗，几乎见什么写什么，想到什么写什么，任何事物、任何感触在他们的笔下，都可能闪动起诗火。他们会不停地写，除了学习，什么心思都放在作诗上了。我想，古代那些诗人，大概就是这样"迷"出来的。李贺痴迷于作诗，其母郑氏感慨"是儿要当呕出心乃已尔"。类似的学生，我教的班上也曾有过几个。我并不觉得有什么不对劲儿。青年爱诗，因为他觉得只有诗才能绽放他的激情，抒发他的理想，在这个众人逐利的时代，难能可贵。如果班上有这样爱做梦的学生，语文教师应当感到高兴。

可是谈起学生写诗，有的教师常不以为然，生怕学生走火入魔，有的则认为写诗是"不务正业"。

为什么会有这样的看法？我不明白。

教师说："你不要再写诗了，高考作文规定'文体自选，诗歌除外'。"如果学生听从了教师的告诫，我想他先前写诗也许仅仅是想"出奇制胜"。

教师说："你的诗写得实在不怎么样，耽误其他科目的学习了，还是别写了吧。"如果学生就此不再作诗，我想他其他科目也未必能学好。

教师说："你的诗不可能写好，不要再写了吧，不如多休息。"如果学生按教师说的做了，我想他原本也没有什么梦和激情，纯粹是因为无聊而码字。

听到一些教授和教师私下对中学生写诗的评论，我常感悲哀。我们中国，曾是诗的国度，现在却只残存诗歌的记忆和对这种记忆的考试了。在印刷术尚未普及的时代，唐朝尚留下了近五万首诗，说那时有过十倍、百倍于此数目的诗作，似乎也不为过。那个时代没有稿费，不评什么职称，也没有什么"文学奖"，但是，人们爱诗。虽然其时诗歌创作也会受科举因素的影响，但留下的诗毕竟传唱了千余年，哪里像当今泛滥成灾而转眼便成垃圾的"高考满分作文"！

而今，"读诗的没有写诗的多"，成为奇观，诗集没有人愿意出版，青年爱诗的环境没有了。语文教师不爱诗，也不鼓励学生读诗、写诗，只会让学生背诵诗词名句以应试，拿着"鉴赏辞典"指导他们"赏析"。这样的教师，对爱诗的学生自然也爱不起来。

其实，爱诗的学生，写作能力一般比较强。他选择以诗歌的形式来抒发情感、表达志向，说明他有一般人所不及的激情和语言智慧。之所以会有教师不以为然，是因为其自身专业水平不高，也因为教师经过一段时期的应试教学体验，丧失了语文趣味，走向平庸甚至热爱平庸，热衷于追名逐利，其文学品位和思想境界低于学生。

爱诗的学生，生活往往比较有情调，他可能比一般青年更懂得生活之美。懂得美，有美的追求，才会有境界。爱写诗的学生往往有自己的一块心灵净土，要借写诗寄托高洁的情怀。因为有了比较热烈的爱，他会鄙视庸俗；因为有了想亲近的事物，他必然会疏远其他事物。敢爱，会爱，于是便有了诗情。

他比一般人更懂得构造美梦。不要以为现今所有学生的生活都是那样枯燥单调，他的内心完全可能翻江倒海、波澜壮阔，也完全可能装得下崇山峻岭、江河湖海，他的思绪早就飞越课堂，穿过时空，任意纵横。而时下的教师出于应试教学的目的，出于"绩效"的考虑，在提醒学生"专心致志"时，怎么可能知道学生的内心在憧憬自由和幸福，满是对光明的向往？在应试的重压下，青年仍然能构想自己的未来，仍然能在苦难中做美梦，这难道不是一种诗意？

他知道，诗之所以为诗，既要有情调，还要有智慧，所以这样的学生学语文要比一般学生灵动，他会锤字炼句，苦苦推敲，乐此不疲。——对语文教师来说，还有什么比学生自觉地琢磨语言更值得欣慰呢？

我有过不少爱诗的学生，虽然后来他们不写诗了，但是由于有过这样一种苦思冥想琢磨诗的"自觉"，所以他们的写作比一般人多了一种体验。

曾有位学生在随笔本上写了几首诗，无非是表达青春困惑，倾诉对世事的迷茫，这种诗在高中生随笔中常可以见到。我看了两遍，感到诗味不足；再看一遍，发现有两句有些意思，便在下面画了波浪线，写了一句赞扬的话。过了一段时间，这位学生写了首长诗，我依旧找出认为有意味的句子，画上波浪线。又过了一段时间，这位学生问我："我的诗是不是写长了？"我说："长短无所谓，但要有意思，有诗意、诗味。"再后来，这位学生交上来的是一首五六行的诗。我问他花了多长时间，他说："断断续续想了一个多星期。"我想，这比写千字随笔花的时间要多了，但仍然也只有一句像诗。学生问："你是不是不满意我的诗？"我反问："你真的喜欢写诗？"他说是的，不但喜欢读，而且想尝试，但是每次只有一两句能得到老师的赏识，他怀疑自己的能力。我说，从古至今，诗人能被记住的诗作，不也就那几句吗？这位学生笑了。我说，你写诗，只要愉快就好，这几句是你的创造哇。

从事教育的人需要有些理想主义精神，因为教育本是诗的事业。如果在中考、高考的压力之下，教师只盯住那个"升学GDP"，必然变得目光猥琐，志趣低下。曾有个校长做报告讽刺素质教育，说："素质教育是作诗，应试教育是吃馒头；只作诗不吃馒头会饿死，只有吃饱馒头才是正事……"他的话虽然粗鄙庸俗，但也很准确地反映了当下一些校长、教师的教育观。只是我觉得，这样的人管理学校或走进课堂，只能教出同样粗鄙庸俗的学生，而且不排除"青出于蓝"的可能。虽然这个校长的比喻代表的是他个人对教育的认识，但我觉得还是要申明教育常识，我的观点是："只吃馒头不会读诗，是另外一种死法。"——在应试教育之风愈演愈烈之际，我仿佛看到这类校长脖子上挂着成串的馒头，虽然他们会做出冠冕堂皇的表白，但是掩饰不了灵魂的缺失。在错误的教育观之下，学生不仅仅不会爱诗，不会爱一切美的事物，也不会有高尚的心灵，而更可悲的是，一个没有诗的民族也将没有希望与前途。

读书形成的经验也是写作的经验

目前写作教学的一大困难，是学生的阅读量过小，无法形成阅读的经验。相对于巨量的社会信息，学生所能利用的资源并不多。特别是一些学校过于强调理科教学，忽视甚至轻视学生的阅读积累，单纯地把阅读当作语文学科的学习任务而加以限制。在应试教学的背景下，在很多学校里，理科教师反对学生的课外阅读，有的甚至已成了"班规校纪"。某校曾有理科教师在家长会上指控"让孩子读小说"是"误人子弟"，家长竟然齐声鼓掌。在这样的学校里，学生不仅得不到正常的母语教育，也不可能得到真正意义上的科学教育。

学校无论如何不能忽略学生的"适时阅读"——应当在今天读的书是不该拖到明天去读的。在这个问题上，我们应当吸取以往的教训。学生在中学阶段没读该读的书，拖欠过多，过了阅读年段，根本无法补课。相当多的学生进入高校学习后，对缺乏阅读积累后悔莫及。由于"底子"没打好，他们也无法正确认识中学语文学科的学习价值；他们不但孤陋寡闻，缺乏基本的阅读能力，也明显缺乏表达的智慧。我们也看到一些成功的例子：一些学生之所以能比较顺利地考上大学，并能适应大学学习，往往是因为他们博闻强记，"底子好"。综合素质高、表达能力强的学生，在学习上始终能保持优势，而这些素质和能力与他们的阅读修养不无关系。"适时阅读"可以使人及时地获得知识，并逐渐形成经验，这种经验又使他对生活产生新的、有价值的认识。为什么有些学生读到高三，还像个对世事一无所知的小孩子？为什么同学之间思维能力和表达能力会有那么大的差距？这中间的道理值得我们深思。

有些教师不同意"以读促写"，理由是读书多，却不一定会写。其原因比较复杂。这样的学生我见过。有的很可能只是把读书作为消遣，无所用心，不善于从中获取信息，往往无法复述其内容，甚至连读过的书名、作家也没记住。有的则是不加选择地乱读，所读的内容品位较低。这些书的阅读要求低于语文课程要求，导致课外阅读滞后于语文学习，很难有借鉴。还有些学生的课外阅读过于功利，急于求成，过于积极地模仿作品，痕迹处处。坦率地说，这些学生感悟能力不强，即使读了些书，也难以形成写作的经验。这些现象，值得教师去观察，去分析。

确有些学生虽读书很多，可写作水平并不高；但是，写作水平高的学生读书必定多，则是事实。多读书，会读书，效率也高，能够形成阅读经验，也就很容易体现在写作上。很多老师在教学中都见过悟性高的青少年，他们中的许多人都曾有过一段时间不被教师和家长注意，在完全没有指导的状态下自由地阅读，他们的阅读没有功利意识，全凭兴趣自然地延伸，而忽然在某一天，他们写的文章引起了大家的注意。这是否说明学生只要多读就能把握写作的技巧呢？不一定。学生在阅读过程中能体会经典之所以成为经典的原因，能"说出好处"，能"看出门道"，这才有可能逐渐形成阅读经验，尝试模仿进而创造性地构思、表达。这种阅读经验，在成长早期常常是无意识的。儿童最早的睿语往往出于不自觉的模仿，因为他没有"目的"；而只有当他得到鼓励，知道自己的语言会给别人带去欢乐时，他才会有目的地去学习，并逐渐形成一种自觉。学生的阅读，过于功利并不好。现在很多教师总是告诉学生"规定篇目"和"必读书目"的重要性，也使一些学生把阅读视为负担。

一些教师经常感叹于教学中往往顾此失彼，无法对阅读层次参差不齐的学生做写作同步指导。我认为停留在语文教科书层面上的写作指导是共同要求，甚至只能是普通的要求。我们几乎不可能见到阅读水平整齐划一的班级（除非全班都没有课外阅读，据说的确有那样的现象），即使阅读同样的内容，不同阅读层次的学生，感悟能力也不一样，教师借阅读做同样的读写指导，会发现存在很大的难度。

我们也会注意到，一些教师在劝导学生读书时，往往只是告诫、训诲，而忽略言传身教，学生得不到具体的指引和点拨。我们甚至可以说得更直接一些：学生没有从教师身上看到阅读的经验，他对语文的敬重常常也因此变得有限。一些阅读调查往往只针对学生，其实语文教师的阅读情况也不容乐观（相当多的语文教师连个简单的"课外推荐书目"也开不出）。当然这是另外一个问题，在此可以不论。

利用阅读指导促进学生学习写作，可能更多地要考虑具体的方式、方法。即使时下应试教育成风，学生交流的时间很少，但是教师能利用一切机会调动学生的阅读兴趣，丰富他们的阅读经历，未必是一件很难的事。有一次看学生随笔，有位学生写的是随父母去苏北探望病危的祖父一事，语言质朴动人，一路上父亲的沉默、母亲的啜泣、自己的不安、冬日平原上的死寂、路人的冷漠、亲人见面时的悲苦与克制，都叙述、描写得生动真实。文章2000多字，绝无一点儿矫饰，一句抒情也没有。我在讲评时稍有疑惑地冒了一句："怎么有点儿大师的功架？"同学们也都很惊异地纷纷点头称是。该同学口讷，不知所措。过了很久，他在随笔中写到，他在作文讲评后，急不可耐地找"大师"们的作品"做比较"，发现他的确更愿意接受叶圣陶、朱自清等人的散文风格。——我不知道这位同学此前是否读了什么书，但只因我说的一句话，他却读了很多书。有位女生问："老师有没有发现这个学期我的文章有什么变化？"我说："你有点儿张爱玲了。"学生得意大笑。——我未必主张学生要学张爱玲，但是张爱玲能让一个学生着迷并从此喜欢写作，有什么不好？

我很羡慕当今的许多青年教师，在同他们的交流中，我发现他们总能以自己的阅读经验引导学生热爱阅读，进而热爱写作。这样做事半功倍，真正让语文学习成了愉快的事，很值得我学习。

学生何以"在故纸堆里讨生活"

很多老师都说，现在每看到学生的"文化历史大散文"就有些厌倦，这些文章往往形式一律，似曾相识，没有什么生命活力，总像是从哪儿抄来的，坊间称之为"秋雨体"。我曾翻看过一套40卷的散文大集，有一半作者都能娴熟地用那样的"体"，足见其出版时是有市场的。令一些教师喜欢的是，"秋雨体"的高考作文曾得过高分，"秋雨体"的大赛作文曾得过奖，于是大行其道。

学生模仿，"本钱"往往不够，因而雷同之作极多，遂成鸡肋。常用到的人物有屈原、司马迁、李白、苏轼、李清照和曹雪芹；人物活动的特定季节多数是秋天，时间一般是夜里，场景一般是江边、高楼或后院，人物一般仅一人（因为人多了他就没法写了），人物情绪基本是遭遇不遇、贬谪、迁徙、离散后的失意和孤独……当然，人物可以互换，如岳飞可以换成辛弃疾，李清照也可以换成曹雪芹……像个魔方似的，你中有我，我中有你。每位这样写的学生都以为自己独一无二，却不去想读者是否会感到腻味。

我因孤陋寡闻，也上过当。大约是十年前，每看到学生作文说起屈原、司马迁的境遇，说起嵇康、苏轼的命运，总以为学生还有点儿书卷气，有点儿读书的"底子"，这样的作文，放在不读文学作品的学生群中，一下子就如鹤立鸡群。2000年省高中生作文大赛，有位学生写竹林七贤，将《世说新语》中的小故事连缀加工后搬进作文，2000多字，行云流水。入选时评委都拍案称奇，委托我找作者谈话，了解是否是抄袭。谁知不过两三年，能写这种"文化历史大散文"的高中生越来越多。平时作文中并不多见，也许是没有什么好处，不值得下饵，一到作文比赛或是高考，就冒出一大群！而一些中学生作文刊物的编辑则见怪不怪，说已经成了一种时尚文风。我和同事曾归纳其特征，曰："滥抒情，口吐白沫；假叹息，无病呻吟。沾文化，满地打滚；伪斯文，道貌岸然。"

每年的作文大赛，都会有一些选手乐此不疲。不管大赛命的是什么题目，他们都能强行把那准备好的，从屈原、司马迁，到林则徐、谭嗣同的材料全塞进去，乃至让命题评审组全体老师瞠目结舌！有一年，作家叶兆言以"禁止鸣笛"的交通标志命题，看图作文，竟然有十多个学生照样写"文化历史大散文"。记得有位学生从秦始皇的"禁止鸣笛"一直说到岳飞的"吹笛"，莫名其妙。

2008年，为了纠偏，我们在省高中生作文大赛中规定学生写议论文，题目是"没有问题的问题"。有点儿难度，但我们想的是：这200多名写手是从全省几十万高中生中挑出来的，总不至于束手无策吧。可是我们失望了。赛后一些学生叹息"准备好的材料用不上""套不上"。他们准备了什么材料来"套"呢？我想知道。听学生自述，我们发现，他们仍然认为"文化历史大散文"可以"通吃天下"，因而一如既往地"在故纸堆里讨生活"。面对题目，他们想强行套作，发现有困难。有位选手在文章中这样写道："……当你今天走进考场时，是否在想：今天要唤醒地下的哪几位古人来客串你的'文化历史大散文'？……5000年厚重的文化以滑稽的方式活生生地被功利化了。这些'文化历史大散文'刚刚出现在中学课堂时，曾让我们欣喜，而当它疾速泛滥之时，它已经掩饰不了华丽外衣下残破的洞……"作为评委，看到这里我们松了一口气：学生总算醒过来了！

"屈原向我们走来……""司马迁仰望满天星斗……""易安女士的心，像碎了的涟漪……"——如果连中学生都知道这些不过是蒙人的拼装术，是"装修""粉饰""忽悠"，教师为什么还要乐此不疲地传授这种毫无价值的套路呢？

生活很重要，阅读积累也很重要。一些学生读书比较单一，"好吃偏食"，因而下笔总是一个路数。加上教师错误的指导，"写记叙文靠余秋雨，写议论文靠周国平"，已经成了一些学生的写作金箴，也成了教学圈内不言自明的"高考作文潜规则"。

文化历史散文不是不可以写，对历史文化，阅读多、善于思考的人必定会有自己的发现，在思维上会有突破，会有自己独特的感悟，在表达形式上也会有创造，而绝不是简单地演绎、投机取巧地拼装。王立根老师曾借用马克思严厉谴责法国诗人沙多勃里盎（一译夏多布里昂）时的经典话语——"虚伪的深刻、谄媚的夸张、感情的卖俏、杂色的光彩、语言的修饰、戏剧式的表演、壮丽的形态来哗众取宠，媚悦于世"来批评这种糟糕的文风。

从写作学习的发展规律看，学生丢弃自己丰富多彩的生活，不懂得理性地分析问题，只会模仿或是演绎历史人物的生平故事，那他今后学习发展的空间将越来越狭窄，不会有什么创造性。如果学生在高中时代沾染了这种不良文风，可能好多年也纠正不过来。这是足以让我们警惕的。

"文体淡化"宜有度

"淡化文体不是不要文体""淡化文体不是不讲文体"，现在，大家都会这样说。也就是说，前提是默认文体可以"淡化"，而所要讨论的只是如何"淡化"的问题。之所以要讨论这个问题，是因为目前学生写作文体混乱的现象令人担忧。

本来，不同文体有各自的要求，但并非禁止创新，可以有"变体"，虽然在中小学教育阶段还是要打基础，教授基本知识。在十多年前，很多老师呼吁"淡化文体"，可是现在有些老师走到了另一个极端，变为不要文体了。写作教学出现了这样的现象：学生不大会就一个现象、一个问题发议论，在表明观点时不注意论证的过程，缺乏论证的手段；他们说明事理的能力比较差，不会对一个事物下定义，也不追求表达的准确；有些学生无法把一件事叙述清楚，却毫无必要地穿插大段的议论……这几种现象确实比较普遍。

也有同行认为是教科书在"淡化文体"。这个问题有案可稽。20世纪80年代的高中教科书，以语文知识教学为中心，文体知识是教学重点，教科书则以文体"组元"（组织单元）。90年代后期，那套教材遭受过强烈的社会批评。客观地看，当时以文体组元有当时的道理，也有当时的背景。文体组元注重文体知识的传授，教学目标很明确（比如，高中一年级要求学习综合运用多种手段，写作复杂的记叙文，也以此为训练的重点）。然而只强调文体，教学效果不是很理想。回顾当时的教学，学生的学习兴趣不高，阅读视野不宽。他们能写出规规矩矩的文章，能符合文体要求，但是缺少灵气与活力。改革开放初期，中学语文教学恢复了元气，取得了很大的成绩，但是缺乏长期效应。前些年翻看了几所名校编选的作文集，我注意到，20世纪80年代前后的议论文入选的不多，即使有那么几篇，也是话题陈旧、内容过时、论证方法简单、套话很多。我估计编者选文很为难，如果多选，势必雷同。但那些议论文所表现出的"规矩"意识给人印象很深。

目前教科书组元方式不尽相同，有文体组元的，也有专题组元的，但即使实施整体教学，也不可能离开具体文本的体类特征。看了几种不同编法的教科书，好像还没有哪种版本的教学目标"淡"到不涉及文体的。因而把学生的文体意识差归咎于教科书，未必站得住脚。我们可以看到，即便使用文体组元的教科书，学生写作仍然会存在文体不分的倾向，有些还很严重。以跨文体的人文专题组元是不是就不能完成文体教学的任务？在使用苏教版高中语文教材教学的过程中，一些教师反映，正是由于专题文本体类特征不一，可以通过比较对照，让学生更清晰地分辨文体的特征与作用。

过于强调文体，效果不好，教训很多；淡化文体失度，则学生文体意识淡薄。这是一个困扰语文教学的矛盾。

中学教育，存在"学""用""考"三者关系，有价值的关系应当是"学"和"用"，但现在通行的却是"学"与"考"的关系。学点儿文体知识，一生有用，这是不争的事实，也是民族语文教育的传统。可文体知识一旦成为"考"的重点，麻烦也就出现。学生的文体意识不强，平时教学中可以反映出来，到了高考作文中则表现得比较突出。这也是引发争议的重要依据。

僵化的写作模式和评价标准制约了学生的写作个性，强调文体的作文考试也难以客观地评价学生的写作能力。在很长一段历史时期内，写作训练是以文体为中心的，议论文就得看论点、论据和论证过程，要以理服人；记叙文就要讲起伏和描写，要以情动人。高中作文训练以议论文写作为重点，每学期作文大部分是议论文训练，只有每周的随笔，学生会写一些记叙文，改随笔成了教师的精神享受。1988年全国高考作文题是"习惯"，文体不限，对作文教学的冲击很强烈。据当年阅卷的大略统计，与写议论文者相比，写记叙文者得分大约高出四五分。当年中学的议论文写作套路明显，匠气足，乏善可陈，于是"不要限定文体"的呼吁就强烈起来了。虽然当时高考并没有用"话题作文"的形式，但"四不像"早在90年代初就出现了。高考阅卷中每出现文体不明却才情洋溢的试卷，常常引起争议。这些作文的文体特征不明确，但往往显示出活力。阅卷教师笼而统之称其为"杂文"，评分结果也多对考生有利。1999年全国高考作文题"假如记忆可以移植"的开放式，给教学带来过活力。"淡化文体"在一定程度上曾解除了对学生的束缚，试图给他们多种选择的可能，让他们能发挥自己写作的优势，这，也是事实。

说到"淡化文体"，避而不谈高考作文不现实。高考作文能引起全社会如此关注，是很多同行没有预料到的，说不上是好事还是坏事。每年，社会各界密切关注高考作文题，并非中国人的写作意识强，而是高考牵涉千百万人的利益。各科目高考中，语文试卷是识字者都能阅读的，那道作文题也是很多人以为有能力评价的，也因为这一题的分值竟然达到六七十分，自然万众瞩目。部分省市自治区获得命题权后，新问题也随之出现。每年高考语文科结束，第一时间传出的作文题总让内行不知说什么好。我不想具体地谈，只说印象：一些作文题的功用，好像并不在有效地考查学生的作文能力，倒像是在向全国人民展示该省区的"教育实力"和"教育水平"；有些作文题难度过大，令我对这些省区高中生的精神承受能力刮目相看。当然，这也许是另外一个话题。只是由于社会高度关注，有关文体的七嘴八舌会干扰语文教学。

每年高考阅卷拟定评分标准的同时，需要为阅卷教师提供一批可以参照评价的样卷，可是往往很少能找到"有模有样"的议论文。扩大搜寻范围之后，依然很困难。回顾20世纪80年代至90年代，这项工作似乎并不难做。是我们的眼光太高？不是。于是有老师认为是1999年以来高考命题的"话题作文"造成的。这种评价好像也有失公允，当年不是一片叫好声吗？大家不是也习惯了话题作文吗？如果有那么一天，忽然宣布"今年考材料议论文"，估计马上会招致一片指责。

由于应试教学的功利性强，作文"跟风"也就特别迅捷。全社会关注的是题目，语文教育界关注的则是"导向"。几乎所有媒体都热衷于刊登"高考佳作"，而这些"佳作"不但影响了社会，也干扰了教学。2000年全国卷作文题为"答案是丰富多彩的"，江苏某晚报就介绍了一篇《四幕剧》，第二年考"话说诚信"，果然一批"四幕剧"出来了。又由于这些"佳作"被收入各种教辅书，所以"四幕剧"简直成了一种格式，至今不衰。模仿这种"格式"，恰恰表现出一些学生记叙文写作不会过渡的毛病。高考作文命题的"话题化"，也影响了写作教学。流传在中学教学中的一句"话题作文是个筐，什么都能往里装"，形象地说出了这种毛病。作文阅卷评分的结果也使相当一部分教师产生困惑。2003年，阅卷开始的第三天，报上登出西北某省的一篇"满分作文"，800字的文章被分为19个小节，不是散文诗，不是记叙文，也不是杂文。而现在高考作文中经常可以看到这种没有结构意识、散成一摊的"散文"。文体意识被冲淡了，教师在教学过程中也就自然地忽视了文体规范。因为高考是选拔制，是淘汰制，学生要过关，就不得不低头屈服，不得不接受应试训练。在有经验的教师看来，有一年左右的训练，学生便知"要审题"，懂得"要看清要求"，想到要有"亮点"，明白"段落不能碎杂"……至于这样写下来，是不是有血有肉，是不是有"魂"有"体"，对不起，无所谓。

学生作文能力不强，有多方面的原因，有些甚至不完全是写作教学本身的问题。文体意识不强，反过来也会妨碍学生的阅读能力。所以在考试评价中不宜降低文体要求，在"文体自选"的要求下，至少要做到"选择什么文体，就要像什么文体"。在平时的教学中，也应当做相应的规定。

其实，除了文学创作，我们的日常应用写作，绝大部分还是受某种因素限制的，不可能不讲文体，即使"淡化"，也一定是有"度"的。而中学教学中，绝大部分作文都处在不自由的状态下，选拔考试，更不可能不做任何限制，即使有"自主""自由""自定""自选""自拟"的开放，仍须在一定的范围之内，文体的"淡化"也必须有一道底线。

解决问题的关键在于教师的教学。"淡化文体"出现了一些问题，但是也没有必要把出现的问题夸大，进而否定它的合理性。解决这个问题的关键在于教师自身的认识水平。

首先，教学要把握"淡化"的"度"。

在教学中不研究课标，只跟着高考的风向标，不研究教科书的教学要求，不研究自己的教学对象，不关注学生的语文能力培养，不把功夫下在教学过程中，一味地追求终端分数，教学必然走形，出现的问题也远不止文体意识的淡薄。

我在某省听一位教师介绍经验，这位教师把全国各省区的十几道高考作文题让初中二年级学生做了一遍，认为这样做"可以让孩子们提前参与并体验高考作文"，"成果很明显"。也就是说，这位教师根本不懂教学规律，无视课标要求（自然也不会有所谓的"文体"意识），想什么就敢干什么。初中二年级就要"体验高考作文"，学生以后的写作还能有什么文体概念？这根本不是前文所述的"淡化"，而是蛮干。

教科书不是没有文体写作要求。不少教科书的"写作"部分甚至明确提出了要求——"写一篇议论文""写一篇记叙文""记写两个短镜头""写一段说明性的文字"，等等。问题在于部分教师在教学中对文体不够重视，批改作文时降低文体要求。

写作教学必须有文体要求。我还是喜欢明确地告诉学生"今天我们写一篇议论文"，在作文讲评中也会告诉学生"这篇的缺点是论据不足""你这篇文章好就好在有第二层次""分论点的顺序不当"，等等。虽然学生不一定能达到教学设计的要求，但让他知道什么是文体规范，做到心中有数，则有必要。曾经有过这样的事：要求写议论文，学生交来的作文却是"夹叙夹议"，如不强调文体，应当给他一个不错的分数，但学生没有时间重做，于是批这篇作文不及格，同时交文学社刊发。我是用这种方法让学生知道，才情归才情，规矩是规矩。

其次，文体教学也应当讲些策略，要适度、适时。

中学必须有规范文体的教学，但应当适度、适时。过于强调文体教学有可能束缚学生的思维，也没有必要过早地把文体规范意识灌注给低年级学生。如果从起始阶段就加大对学生的写作束缚，有可能会扼杀学生的写作激情。过早强调文体规范，导致学生畏惧写作，在于对学生的写作状态研究不够。写作教学一度忽视了教学对象作为生命个体所具有的丰富性与发展特征，忽视了学生的个性差异，忽视了个人特有的思维方式以及特定的情感状态，从而把学生当成同一材料，用同一种标准衡量。这样的写作教学无法兼顾学生的个性发展，必然造成写作教学效率低下，导致学生无法享受写作的乐趣，只会循规蹈矩，以后很难有创造精神。

性格的差异、思维方法的差异、阅读兴趣的差异、学习习惯的差异等，都可能引发学生对某一文体的兴趣，有时甚至不一定是教材或教学的因素。在同一教学群体中，有的学生说明的能力特别强，善于用简明准确的语言把一件很复杂的事物说得清晰明白；有的学生长于记叙描写，同样描述一件事，他能生动形象地再现事件过程，使之如在目前；也有学生辨析事理的欲望特别强，善于透过事物的表象，揭示本质（有经验的教师在上课时经常把这样的学生"储备"在一旁，在课堂讨论快要陷入僵局时请他们发言，把课堂"搞活"）……你想让他们"淡化"也"淡"不了。但这并不意味着我们的教学只需扬其长，"扬其长"可以对付中考、高考，但从培养学生语文素养的目标出发，教师要全面地落实文体教学要求，丰富他们的文体知识，从阅读和表达两方面提高他们相应的技能。

我和同事们在十多年前曾有过一次"自由状态下的写作"教学实验，当时用的是"先放开，再规范"的方法。"放开"，就是提倡自由作文（包括"淡化文体"）；"规范"则是相关的写作技能教育。例行的作文教学总是给学生"讲规矩"，学生研习"规矩"，思维就可能凝结在一种固定模式上，并可能逐渐僵化，此后即使允许他自由写作，可能已经失去最好的教育时机，他已飞不高也飞不远了。如果能改变思路，调动他的写作兴趣，激活他的才思，先让他愿意写、喜欢写，等他对写作有了兴趣，有了一定的历练，再适当对他"讲规矩"，效果可能要好得多。

最后，在文体教学的基础上，鼓励创新。

我们不应反对"讲规矩"，重要的是要在这个基础上鼓励创新。"规矩"之形成，需要阅读积累和实践，而在表达方面，一种文体能力的养成，既需要有对规矩的认识，又需要有自己的创造。前些年在编教材的工作中，我也花了不少气力找寻"典范的议论文"，结果很难找到理想的适合做教材的文本。不是内容不适合，就是篇幅过长，甚或有匠气。由此想到，不是天下没有好文章，而是自己的思维有局限。文体之"体"，不过是大致相当，之所以呈现为千姿百态，实因应用中的创造，未必就不成"体"。一部中国文学史，万紫千红，如果"体"不变，何来如此绚烂！

目前中学写作教学的最大问题，在于学生的议论能力较差。多年以来，一直缺乏好的议论文训练题，张口闭口不是说勤奋、说逆境成才，就是说奉献、说境界……如此老生常谈，竟全挤在中学阶段。学生只要凭借现成的观点，借助一两个事例，引用几句格言，运用"辩证法"，就能迅速演绎成文，而且很有"体"，一点儿也没有"淡化"。市面上不是有很多鼓吹"快速作文"和"作文魔方"的教辅书吗？可见有"体"不难，难在创新。如今的议论文写作教学仍有较多的顾忌。一些教师可能发现，让学生就人生、事业、境界等老话题发议论，总很难谈出新意；引导学生关注社会、关注民生，则又担心学生思考出现偏差。而学生恰恰很愿意就社会生活中的热点和难题发表自己的见解！现今不少时评心系民生，有极强的社会性，其独特的见解和睿智，都是最好的议论文教学资源，为什么不引导学生去关注、学习呢？改造写作教学的路径很多，教师要有拓展的意识。当然，如何在教学中创新，这是另外一个命题，需要同行们共同努力，在实践中探索。

"淡化文体"在落实过程中出现了一些误解，多了一些周折，也属正常，需要冷静思考，不能因噎废食。面对现实，多拿出一些办法，是当务之急。

从学生写作能力发展的规律考虑，写作教学可能应当有个"淡化文体"的阶段，以激发他们的写作兴趣，而最终还要让他们获得文体素养，有适应社会需要的应用能力。"淡化"有必要，但不是"淡"到没有，如果"淡"到没有，那何不干脆"取消文体"？说"淡化"，是不是也得有个"淡化度"？

至于如何规定这个"淡化度"，如何把握这个"淡化度"，前者可能是理论家的任务，后者则需要一线教师理性地分析并操作。

抓住机会，适时写作

在学生最想写的时候让他写，效果最好，这样的写作经历也会成为他的成长记忆。在写作教学中，教师也应当善于抓住机会，充分利用教育教学资源，放手让学生去写。

长话短说。春天，学校利用清明放假，组织高一学生完成例行的"31公里夜间步行"活动。活动从远郊的篝火晚会开始，零点从营地出发，早上八点返回学校。事后很多学生在随笔中记写这次活动的情况，我看了大感意外，因为多数学生对这次活动很失望，还有些学生在随笔中大发牢骚，认为学校相关部门管理水平低、工作不负责。活动安排上的一些失误（如实际距离大大超出，餐饮安排不当，休息点厕所过少，活动内容过多，等等）引发了他们对一些问题的思考。相当一部分学生对活动有抵触情绪，对活动的宗旨和作用提出了异议，言辞激烈。部分学生的随笔写得很长，详细地谈了自己的看法。

不管出发点如何，学校所做的一切都是教育行为，既然这些问题出现了，教师就不能无视学生的情绪，应当正确面对；同时，作为语文教师，要因势利导，启发学生养成正确的思维习惯。我甚至想到，如果这一届学生因此能有些理性的思考，那不仅可以借此优化一项活动设计，把不利因素变为有利的教育契机，对他们学会全面地思考和判断问题，对学校的文明和文化建设，也可以起到积极作用。

学生想倾诉自己对事物的判断和思考，展现自己的意志，希望能和教师、同学交流，这就是我们经常期待的"写作欲望"。在作文教学中，我们不也常常说，最好的教学就是让学生从"要我写"到"我要写"吗？现在，教师并没有要求学生写这件事，可是有这么多学生不约而同地写，这就是说，现在是他最愿意写、最适合写，也是最有可能写好的时候。此次活动开始前，教师并没有安排写作，现在学生自己写起来了，如果教师不善于抓住这个机会，而是按部就班地安排原先的写作，学生的写作热情就会减退，从而可能失去一个极好的学习机会。

安排一次"活动计划书"的写作，以培养学生说明事物、辨析事理的能力，现在是绝好的机会。可是，当时高一的教学进度到了第三模块最后一个专题"寻觅文言津梁"（苏教版），作文另有安排；如果推迟到第四模块"走进语言现场"，结合梁思成《关于北京城墙的存废问题的讨论》的学习安排写作，应当顺理成章；如果推迟到第五模块"科学之光"，结合学习《足下的文化与野草之美》，作为文体练习，效果也许会更好。但是，很可能到了那个时候，学生的写作激情已经减退，早就把那件事给忘了。

备课组还是决定抓住学生难得的写作激情，适时地安排一次作文。我们向全年级每个学生发出了这样一份作业通知：

就学校即将组织的一次长距离步行活动，独立写一份计划书（或报告书）。这份计划书将对活动组织决策者的思路产生重要影响，同时也会对每一位参与活动的同学进行策略方面的提醒。

我们将根据这份计划书考查你对一个问题全面思考的能力和判断力，我们还想看到你对事物发展的预见能力，这是一次综合学习素质的考查。

这份计划书的形式我们不提供，请你自行设计。你可以查找不同的资料样本，做出选择，也可以参考其他计划书，有自己的创造。

这份计划书可能要花去你一些时间，但它可能是你的第一次"大型活动设计"，很值得。

你的报告很有可能对学校以后的步行活动产生深远影响。

因为相当一部分学生已经在随笔中写了这件事，我们请他们遵照本次作文的要求修改成文。在修改中思考：究竟应当怎样表达活动的宗旨？组织材料怎样才能达到最佳效果？对事物的发展有没有预想？推断事物发展结果的步骤是否合理？自己的分析能否站得住脚？……

很多同学动笔起草计划书时才发现：发泄情绪容易，讲清道理不容易；评头论足容易，就具体问题拿出主张不容易；表明态度容易，分析论述不容易；成为参与者容易，作为组织者，自己的能力可能不够。——而就一次活动起草一份计划书，格式就先把他们难住了。然而，现在他们作为活动的组织者与设计者，不能不把自己那一夜十个小时的经验、教训、痛苦经历及成就感带入下一次活动的设计，这是他们写好一次计划书、报告书的动力。即使教师不提供样本，他们也会去写。

因为这些毕竟是学生自己想写的内容，他们也想借此检验自己这方面的能力；同时因为步行活动刚刚结束，每个人都有切身体会，有独特的感悟，有表达的愿望，只要他们对自己提出的问题能做进一步思考，就有话可说。如，对本次长距离步行中出现的困难，学生都有反思："作为高中生，自己的生活自理能力太差""惯于依赖老师和现成的经验""对困难估计不足"，既有具体的事例说明，又有相应的分析。

教育教学无非是为了让学生变得聪明。设计这样的写作活动，目的是调动学生积极的思维。比如，对活动的组织，学生认为"创造性不够，内容过于复杂""作为大型活动，组织不严密""不宜给一项活动负载过多的'意义'"；对学校组织的活动，几乎所有的学生都不主张追求形式、追求轰动效应。而对活动的具体环节，相当一部分学生在报告中都有自己的发现和思考。如，实际距离为什么会大大超出31公里，从而导致学生情绪波动？餐饮安排不考虑长途步行的实际情况，会导致什么样的结果？等等。因为是事后写作，面对已形成的结果，反推组织者的计划安排，很容易发现问题所在。如何预测步行的距离，如何安排餐饮，其实并不难，而如果脱离实际"想当然"，忽视具体环节，必然人为增加困难。如，很多学生在报告中指出，沿途公厕极少的情况使这项活动成为一场"测试忍耐力的比赛"（随笔中个别学生声称"忍了两个小时，差点儿要出事""整个夜晚都在为找厕所而发愁"）。这些学生在计划书中提到，组织者必须考虑到这一问题，提供热量高、数量少的饮食；同时租用卫生车，这样既可以让学生心安，又可以大大缩短在休息点停留的时间。

思维启动了，智慧也就出现了。有位学生在计划书中颠覆了学校四年来的习惯做法，认为应当改变思路，把步行活动的起点与终点对调，时间也可以安排在白天。理由是：从郊区进入城区，经过最后路程的时间恰值早晨交通高峰，学生疲劳，队形散乱，难以集中，安全性差；如果终点放在郊区，道路宽阔，车辆较少，视野开阔，即使队伍松散，集结也比较方便，相对安全。

学生完成初稿后进行小组间交流。他们发现，对那一夜同样的经历，每个人的发现与思考都不同，每个人建设性的意见都有独到之处。二次修改时，学生已经大致知道了报告书的基本要求有哪些，交稿时，已经能够递上一份可供活动组织者参考的文本了。

回到教育常识，让兴趣成为学生写作的动力，让他们享受写作的愉快，让他们真正理解写作是一种表达自我智慧的能力，正是我们的教学追求。当然，从一次作文要求看，我们只能说部分学生获得了成功，但毕竟每个学生都有了这样的写作经历，对这种文体开始有了感性认识，这对他今后的学习和工作也将有所启示和启发，在以后的学习中，他仍然会关注典范文本，获得提高。

抓住有利时机，及时调整写作教学计划，让学生在最想写的时候写，效果一定会比例行公事式的教学要好。

王栋生　作文教学笔记

NOTE

请说说大米多少钱一斤

看学生作文，常常觉得有些学生颇能讲一些大道理，诗啊梦啊寂寞呀想去周游世界呀，都能来那么一纸，而一旦接触具体事物，需要分析说理，往往只能空谈，既无法深入，也缺少恰当的表达。我想，其原因除了思维能力有限外，也和学生不谙世事、缺乏生活经验有关。学生作文一旦涉及民生，叙述故事往往就像不食人间烟火一般。青少年时代脱离生活，有可能会影响学生一生的情感态度。

我在十多年前意识到这是个问题。有次作文讲评结束，我很认真地要求学生写出大米、鸡蛋、青菜、自来水、家用电的价格——要求不高，至少差不太多。结果真有不少学生一项也写不出来，有的写出的单价很离谱，无怪学生作文中也有类似"何不食肉糜"的感慨。

很多老师在阅作文卷时，仅仅因为学生在文章中说了件近日新闻便倍感欣喜，认为学生"素质高""关注社会""关注民生"，从而产生好感，认为"有新意"，这也从另一方面说明学生脱离社会。

对一名高中生来说，知道大米多少钱一斤，有必要吗？

有必要。学生不知柴米贵，有时，教师和家长都觉得食堂的饭菜价格贵了，而学生只知道说"不好吃"。学生浪费粮食，青年教师也经常倒饭菜。只有知道了大米多少钱一斤，也许才能了解什么是中国农民，才知道中国人的生活水平，下笔时才不至于那么轻浮、那么矫情。

"家事、国事、天下事，事事关心"之类的话，小学生都会背，可是未必能去践行，这是中国教育最糟糕之处。他嘴上说关注民生，却连每天吃的大米多少钱一斤都不知道，牛奶是从哪里来的也不知道。城市的孩子不知道报章上公布的"农民人均收入"究竟意味着什么，也不知道农民看病靠什么"保障"，所以会奇怪地问："所有农民看病都不能报销吗？"他在写作时，往往不能对世事做出正确的判断，也不会分析，他的结论也可能就是错的。

我从作文中看出，学生中会做家务的人不多，农村学生也不参加田间劳动。在城市，很多高中生上学、放学仍需要家长接送，有些连书包也不用提（我三次在学校门口看到一名军士接送长官的孩子，帮她提书包）。接触社会过少，情感自然也就苍白，少见多怪，好做大言，动不动就危言耸听。学校搞一次31公里的步行活动，家长纷纷送行，校长授旗，场面热烈悲壮，活像当年出发去打日本。

读汪曾祺的小说，看他叙述一个行当（比如银匠、车匠）时，精细地描写，比一个内行还要认真；他写种马铃薯、种葡萄，叙述说明的功夫非同一般。这些，就是作家生活的"底子"。即使是四处漂泊，即使被发配充军，甚至身陷牢狱，也挡不住他们对生活的热爱。一个写作者最基础的观察功夫来自生活，可我们的学生连大米从哪里来都没有兴趣，就只能去模仿郭敬明。

有个高一学生在作文中写一位民工老郭：

每天中午工人们吃自带的饭。老郭的饭我是见过的，挺大的铁皮饭盒里不知是用水还是用汤泡着饭，饭盒的一角蜷缩着一团白菜叶，另一角漂着两小块萝卜干，汤被萝卜干泡得泛黄，萝卜干被汤泡得泛白。有时电工会撮一小块肉给他，然后说："吃吧。"这话里既有怜悯，也有瞧不起。

我们把旧住户留下的浴缸扔了，老郭却忽然关心起来："浴缸呢？"父亲便告诉了他。他支吾了半天，告诉我们，他是想把旧浴缸拿回工棚去洗衣洗澡用的。我们猛然醒悟，怪不得前几天卸下浴缸时他很小心，生怕敲碎了一块瓷。他只是愣了一下，又没事儿一样抬水泥去了。我却分明地感到一种愧怍，这也许并不来自我们犯的错误，而可能是对这样的人的天性的愧怍。

铺瓷砖时，他把砖片敲碎了，飞起的碎片流利地在他的脚面上划出寸把长、很深的口子。他哼了一声，抹一抹流出的血，放在嘴里吮；然后用唾液涂在伤口上。我忙去找碘酒，他却摇摇头，顺手扯下一大段胶带，粘在伤口上。也许粘得不太好吧，我仍旧看得见那翻开的皮肉和渗出的血。第二天上工，他脱下伤脚的鞋，一瘸一拐地继续抬水泥。他只是为了能拿到那20块钱。他脚上粘着的仍是那段胶带，伤口肿了。

这篇随笔的题目竟然是"家"，让人沉思不已。一个以做短工为生的农民，常年为城里人装修房屋，而自己却回不了家。三个段落写老郭的生活，分别写老郭的午饭、老郭没能得到浴缸和老郭的受伤。每件事都会让有良知的读者心酸。同情与悲悯往往是写作者最重要的情感禀赋，有了它，观察生活的角度和深度都有可能超凡脱俗。作者把所见到的老郭的生活记写下来，好像没有费什么气力，然而在叙述中分明写出了对人物的感情。如果作者不知道"一天20块钱"对老郭来说意味着什么，我看即使面对这样的生活，他也会麻木不仁。他写不出来。——关注社会，关注民生，有生活的"底子"，笔下才会有活生生的人，才会有泥土的气息，才会有人的喜怒哀乐。

作文是一种创造。童年到少年时期，是大脑的主要发展时期，这一阶段人的可塑性最大，一些基本素质要在这一阶段形成。过了这个阶段，人的发展可能有限。如果一个人在儿童时期就丧失了对事物的好奇心，缺乏对外部世界的敏感，没有探求精神，不乐于表达，那么，这个人的成长会很缓慢。

见多识广，扩大写作优势

生活经历比较丰富、见多识广的学生，他的作文即使存在一些缺陷，也总能让教师感受到一些情趣。这些学生总能睁大眼睛去观察世界，对周围的事物保持着好奇心，对学习不太功利，往往并不很在乎考试成绩，而一旦他们对某个事物产生了兴趣，那根本就不需要老师去教；只有当探究能力不足以解决面对的问题，产生了困惑时，他们才有可能找教师指导。

我觉得，能让学生对世间的任何事物保持好奇心，激发他们的求知欲，才有可能去和他们谈"道"和"理"，他们的思维才有可能得到发展。写作教学也是这样。一些学生进入高三，出了校门只能目光呆滞地走路，见到人连微笑都不会，和老师也没有什么话说，我看了真是感到凄凉：学校怎么会办成这个样子？——学生没有了了解事物真相的欲望，没有了探究问题的激情，没有了观察和思考，不仅写不出像样的文章，连情感和思维也只能处在一种低水平上。

20多年前，有一次老师们在谈及中国银行的存款总额时产生了分歧，那时候还没有网络，查找资料比较困难。根据一位老师提出的数目，我算了一下，当时中国约12亿人，那么人均存款就有260万人民币。我认为这个数字错误，可能多了两个零。那位老师说，你不知道现在的富人多么有钱。我说，可是我知道中国有多少农民，我知道他们的生活状况是什么样的。后来那位老师找到了资料，的确放大了200倍。我当时想到，由于学科的局限，有时教师在教学中只能凭常识做出判断，一名教师如果缺少相应的知识，判断问题就容易有偏差，进而影响学生。1958年工农业"大跃进"之所以造成那么大的灾难，很大程度上是因为决策者缺乏科学意识，不尊重常识常理。

教育教学要对民族的未来负责，所以我们在语文课上，在写作指导中，要教会学生尊重知识、尊重科学。简而言之：对这个世界了解得越多越好。我所在的学校，有些教师每天必看新闻，发表自己的见解；还有些教师大量阅读各类书籍，其阅读范围远远超出专业领域。曾有校长为此感到不解。他认为教师只要知道自己的专业知识与高考任务就行了，"没有必要管天管地"。——他实在不懂教育，他不知道，对人而言，一切出于兴趣获得的知识都是重要的，而对于一名基础教育阶段的教师来说，知识越丰富越好，只熟悉一套教科书并只会机械教学，不可能满足学生的求知欲。

政治课有一项活动实践，要求"说出经过路段的各种'所有制'现象"，学生走了一节课，回来写出了200字的"答案"。我问学生："你们就写了这一点儿？"学生说："政治老师只要我们写出这些。"我想到，这仍然是为了应付作业的需要，并不表明学生真正能认识现实生活中的经济现象，因为他们没有真正地了解什么是"所有制"，不了解各种"制"下民众的生存状态。学校后门有一个菜市场，每天有许多学生要从那里路过。我问一位学生："你能否估算一下，那个菜市场每天有多少资金在周转？"学生说不上来，因为虽然他每天要吃菜，但没有进过菜市场，对鸡鱼肉蛋和蔬菜的价格一无所知；他不知道里面有多少摊贩和店家，也不知道一名菜贩每天要从哪里进货，需要多少本钱，摊位的每月租金是多少，要缴多少税款，余多少利润。我认为适当知道这些，对学生的学习有好处，起码他不至于认为仅靠书上的政治经济学知识就能解释社会上发生的一切。由于应试教育的盛行，一些家庭过于呵护孩子，以至于18岁的高三学生连感冒咳嗽也要让家长陪同上医院。为什么？因为他根本不知道在医院就诊的一般程序。

有一回我问学生："我骑自行车从学校到城南的某校去，路上有11个十字路口，我竟然全遇到了红灯，这样的概率有多高？我想，也可能有人在11个路口全遇到了绿灯，那样的概率又有多高？"有些学生很热心，以为是道难题，有的学生还去请教了数学老师。过了几天，学生向我解说这个问题的可能答案，并好奇地问我："老师为什么会想到这个问题？"我说："也是好奇心。这事很好玩，因为我又联想到人生的幸运与背运，可能都是偶然。"学生很惊讶。——我们做教师的，如果不能保持对问题的敏感，没有探索的趣味，漠视有趣的生活现象，我们的学生也可能失去对问题的好奇心。

历史教科书对许多史实的陈述过于简略，有很多问题的表述经不起简单一问。历史上那么多有意思的问题，经过教师的照本宣科，以及考试的压力，在学生那里全变成了一条条干枯的答案。学生缺乏了解历史的兴趣，不愿探索历史的经验，不但无法传承民族文化精神，也无助于人的智慧发展。同样是学习第二次世界大战，有的学生把教科书上的结论倒背如流，而变换一下问法，他竟然无从应对；而有的学生面对一幅没有文字说明的历史图片，却能根据人物的服饰和场景，猜测出大致的年代、地区与事件，考察出来龙去脉，这就是见多识广形成的经验。

我问对战争史有研究兴趣的学生：珍珠港事变时，日本海军很强大，美国处于弱势，然而三年以后日本何以输得一败涂地？除了战争的性质外，有没有其他原因？学生最后注意到：美国和日本的工业产能是70:1，日本法西斯拖不起、耗不起，"武士道"精神也不管用，最后打得精光，让美国海军独霸了太平洋。这是教科书上没有说的，却是很有用的经验。这样的问题使学生除了从政治角度考量外，也学会了关注一个国家科学技术与工业生产的实力，留给学生的思考价值远远超过历史考试和一篇作文。20世纪80年代以后，随着信息的开放，中学男生中，有些曾对兵器知识很感兴趣，因为兵器在一定程度上能体现一个国家工业和科技的发展水平。然而我看到，同样是这方面的知识，有的学生仅仅对兵器的外观产生兴趣、对兵器的杀伤力感到震撼，有的对兵器的机械学、动力学感兴趣，而有的则在了解相关知识后开始关注高科技的发展。——学生的这种兴趣差异，也让我这个语文教师感兴趣。

学生发表议论、表达观点，能否有自己的主见，能否立论有据、旁征博引，往往取决于他的知识背景。我和一些语文教师谈到这个观点时，有人问："我们教的是写作，让学生知道那么多东西有什么用？"我问："那他平时能写些什么呢？"是的，正是这些功利意识强的教师，总认为学生"不会写，写不好"，其实，他们本身对职业、对生活已产生了倦怠，进而逐渐丧失了发现生活、探究事物的兴趣。你什么时候能听到这些教师说出有价值的新鲜事？又怎能指望他们提出一些有价值的个人观点？有个学生读《世说新语》读得很开心，知道了两晋许多有意思的人和事。他急切地想和老师交流，可是老师只是敷衍："快要高考了，读点儿这个对提高你的古汉语水平有好处。"这位学生很失望。他寻找的是乐趣，而教师的阅读观只是趋利。这类教师自己的阅读品位不会太高，知识面也比较狭窄，在他们的引导下，学生不会对写作有什么兴趣。

当然，也有些"见多识广"不宜提倡。曾有报道称，江苏有学校组织学生去欧美旅游，随团翻译告诉记者，这些中国学生对金银珠宝、山珍海味、汽车型号等方面的知识简直称得上烂熟于心，但是却无法从地图上找到所要到达的国家或城市；他们花起钱来大手大脚，令外国的店主目瞪口呆……这些，自然就不是我期待的"见多识广"了。

在熟悉的地方"发现"

课改的核心任务，也是当今教育最重要的任务，是引导学生变革学习方式，具体到写作教学，需要做的事更多。要求学生有独立见解，要求学生的写作有"新意"，则要见多识广。这种能力从哪里获得？从书本学，从生活学，从一切可以学的地方学。写作教学要引导学生学会开拓写作的领域，让他们有"发现"的意识。

所谓"写自己熟悉的人和事"，首先得引导学生去"关注"；关注了，才可能"熟悉"；"熟悉"了，还得有"发现"；"发现"的慧眼，在于凡事多思。聪明人之所以聪明，无非是能在熟悉的地方有所"发现"或"发明"。教师要学生"写自己熟悉的生活"，可是学生却常常觉得"熟悉的生活"千篇一律：生活已经够单调了，而应试教育下学校日趋同质化，应试教学状态下，学生的体验往往也缺乏个性。此所谓"熟悉的地方没有风景"。

20世纪80年代以前，社会上经常宣传一些"仓库型的人才"。比如，工厂保管员把眼睛蒙起来也能在仓库中找出需要的零部件，查号台接线员能背出一万个电话号码，教师能背外文词典，等等。这种"熟悉"当然也有社会价值，可是，语文教育的目标不是培养学生这种能力（虽然这种能力对生存可能有用）。我听说有能背诵一千首诗的初中学生，但我更在意他是否能写出一首诗。

"熟悉"，还得有"发明"或"发现"。有了创造精神，学习才是一件有趣味、有意义的事。美国政治家和科学家富兰克林曾有遗言，希望在自己的墓碑上刻上"印刷工富兰克林"，因为他30岁之前长期在印刷厂做工，许多知识是从印刷的刊物上学到的——虽然不是每个印刷工都能像他那样博学并有所发现。许多优秀的写作者最早的职业是报馆的校对工，很多精巧的工具是长年在工场劳作的工匠发明的。这些，都给我们启发。

常有人感慨"熟悉的地方没有风景"，那是因为他缺少"发现"的意识。曾有老师说起，学生作文写学校生活应当"最拿手"，可是他们写出的"学校"，教师感到陌生；他们对"教育"这一概念没能认真思考，也没有观察校园里人和事的习惯。对教育的异常现象，他们经常表示"没有看法"，似乎已完全适应。"应试教育状态下的学生生活"，当真就没什么可写的？师生关系真的如猫鼠关系？在学校三年，当真没有任何值得关注的人和事？

有一回上课我问学生，能否说出校园里三位工人师傅的姓，大家面面相觑。有学生辩解，说能否说出未必重要，只要我们尊重他们就行了。附和这个看法的同学有不少。我说，如果你想记住他，打听他的姓氏并不难，否则即使你有感恩之情，十年过后，你在回忆学校时也只会说："那个……那个……那个在车棚看自行车的，长得有点儿瘦瘦的、黑黑的，不知道姓什么的……"

转变学习的观念，不要漠视眼前的一切，凡事不要仅以"有用"为学习的选择。我问学生，每天要走过哪些地方，能否抽空把每天路过的学校这条街上的单位和店家数一遍？——这条街上有一所军队院校、一所中学和一所小学，其他呢？同学们很有兴趣，七拼八凑，总算把马路一边的小店铺大致数出来了，然而几乎所有学生都感到十分惊讶：每天路过的这200多米，竟有这么多店铺，而他们却视而不见！我告诉学生，不奇怪，我住在这里20多年了，有些事也没有留心。有一天惊讶地发现，学校附近竟有一家农业银行，我竟然没注意，而有老师告诉我，它已经开张好几年啦。

有一次我在课堂上提问："你们在这所学校两年了，有没有没去过的角落？"所有学生都说，学校虽然不算大，但好多地方都没去过；虽然不一定都要去，但偶然走到一个没去过的角落，会感到很新奇。我说，我和你们一样，我在这所学校是老教师了，有时偶然走到一个没去过的角落，才发现我的某个同事是在这里工作的。这时我就会想象，原来这么多年里，他就是在这里接我的电话，帮助我解决困难的，以后我再想起他时就有了真切的印象。同样，我因此会想象到更多同事、同行的工作环境，想象他们每一天的生活场景，我脑海里的世界就这样变大了。

我说到这里，教室里一片沉默。也许大家都在想我的话，也许有人会从我的话中受到启发。记得我小学毕业时，忽然发现班上有同学像是陌生人，因为六年中我都没有认真地关注过他。这样的经历在以后的生活中也有过。也就是说，我们即使对有限的周围，仍然谈不上"熟悉"。我说到这一经历时，几乎全班同学都开始东张西望，也许我的体验对他们是一种警醒。

小学和初中的教学，教师提醒学生"写自己熟悉的人和事"，这里所谓的"熟悉"，是生活的圈子。写作的起始阶段，写自己最熟悉的内容，不但轻车熟路，还有可能将其变为久远的记忆。鲁迅中年写《从百草园到三味书屋》，萧红成年后写《呼兰河传》，视野和情感成熟了，但内容无一不是"熟悉的"，只是对熟悉的生活有了更加深刻的认识和发现。

然而如果学生只会写"我的院子"或"我的小屋"，能写出他的精神世界吗？那些丰富的生活到哪里去了呢？很多学生的作文，经常写学习过程中的情绪，很少写亲人、同学。这也许是应试教学的一个特征——学生除了"做题""学科竞赛"，对一切都视而不见，连他身边的人也变陌生了。

不了解学生的写作状态，不熟悉这个年龄段的学生的心理特点，想教好写作，几乎不可能。2000年，我出过一个题目，请学生写"一个我不熟悉的人"。可能因为我经常刺激学生的思维，大家见怪不怪，一些学生在文中对作文题发了点儿议论。他们认为，生活中的确存在着"不熟悉的人"，而且为数不少，既然"不熟悉"，也就无从写起，然而既然你让我写，我就得努力地回忆有关这个人的一切。奇怪的是，一经关注，这个人的形象和事迹就清楚了，有些细节甚至是很值得记忆的，也就是说，因为"关注"，这个人非但不再陌生，而且简直"难忘"了！事后有学生说，因为这个作文题，他有一阵儿把几个原本"不熟悉的人"重新关注了一遍，跟他们成了很好的朋友。也有学生写道："在这个班上，有位男生幼儿园时和我同班，小学又同校，初中三年没留意他去了哪里，没想到三年后他也考上了这所高中，我们又在同一班了。我得当面告诉他：我们是幼儿园同学呢，你不用装作不认识我。"

经历过的事，有人能记住，有人记不住；有人不但记不住，也不想记住。常有人听到一些趣事时，疑惑地问："为什么这种事你们能看到而我从来看不到？"如果把目光转向这样的人，就会发现，生活中有许多人已完全失去了"关注"的意识。对真善美的追求，需要有寻找的激情；对假恶丑的认识，需要有评判的态度；对趣味和幽默的欣赏，需要有些哲思和机敏……而这些人没有。对周围的一切，他们更多地关注的是"利"，所谓"无利不往""无利不起早"。本来，生活中有些这样的人并无大碍，令人担忧的是，如果他们成了语文教师，学生非但学不到什么，可能还要受罪。所以教师与其责难学生，不如反思自己的志趣。

"写自己熟悉的人和事"，无疑是正确的，但在应试教学状态下，除了做题与考试，学生关注的事物很有限，他们非但不关注社会大问题，对周围的一切，很可能也是漠然的。客观地说，虽然城市学生生活在信息丰富、渠道通畅的环境中，在写作方面应当有优势，然而纷繁的社会和快节奏的都市生活，反而让他们难以养成静思的习惯。教师需要唤醒他们的记忆，在启发他们开阔视野、了解社会的同时，启发他们在熟悉的地方去"发现"。

"怎样把文章写长"

有位高一新生在课间对我说："一篇作文要800字，太多了。我写不满那么多字。"我问："你能写多少字呢？"学生说："我一般写到三五百字就没有话讲了。"我们在走廊上说了一会儿话，上课铃响了，我对他说："刚才我们说了五分钟的话，如果写到纸上，可能已经有1000字了。"学生吃了一惊。因为他可能没觉得已经"说了那么多字"，而作文时却像拿凿子刻石碑似的，多写一行字都累得慌。

我刚教书那一阵儿，也有学生问"怎样才能把文章写长"，听到这种话我会笑，因为当时也有学生询问"怎样才能把文章写短"。网络开始流行后，多了一个词叫"灌水"，几句话的意思往往能扯成长篇大论，如"抻面"一般，假大空盛行，说废话成风。当然，那已经不完全是写作技能问题，而是文风问题了。

如今学生的焦虑常在"写不长"，因为高考作文那个"不少于800字"的要求悬在他们头顶。考试要求的陈规有不合理之处，然而学生经常性的"无话可说"，毕竟也反映出选材与表达能力的不足。

学生感到作文没有内容可写，下笔"写不长"，一定是在某个具体环节上有困难。解决"写不长"的问题并不难，首先要帮学生找到作文中"没展开"或"没说清"的地方。有位初三学生写在校园经历的几件事，有一件是在"鲁迅园"遇到同学，但只有三五句话的叙述。问她："你写的是东墙脚，那个地方的样子还记得吗？"因为我每天也从那儿经过，所以我知道她写的只能是东墙脚，只有东墙脚才有那样窄窄的巷子，只有那里的砖墙才会有那样的特点。而一个不了解"鲁迅园"的读者根本不知道什么"东墙脚"，也就无法从三五句话里体会那里特有的情韵。我让她"再想想那幅图景，描摹得细一些"。她闭上眼睛描述，"老墙上的藤叶枯了，仍然在风中颤抖""那把丢弃的竹扫帚斜靠在墙边，竹柄上已经有星星点点的绿斑"……在回答"你对那里的景物有过哪些想象"时，她说："木门上残存的红漆总是让我想到，19世纪末这幢楼刚刚落成时大门上发亮的红漆；还有，当时是清朝末年，男子还留着辫子呢！"在回答"走在东墙脚窄巷时，你有没有其他人不一定知道的心思"时，她脱口而出："我希望对面过来的也是女生，最好还是我认识的。巷子窄，要不我会尴尬。"我觉得她那种心理很真实，因为那条巷子的确很窄。我对她说："好吧，把刚才想到的这些话都补进去，因为要连缀过渡，这样就多了300字。现在看看怎么样，画面出现了，感觉有了，读者也跟你一同走进东墙脚的窄巷了……"

这一次学生知道怎样"写长"了，下一次她是不是还会这样去想，这样去写，取决于她能否有"描写意识"。生活中经常见到这样的情形：如果一个人善于描述自己见到的人和事，善于形象地传达自己的感受，他会在很多地方受到欢迎，原因在于别人听他说点儿什么，便如临其境，如见其人，即我们常说的"生动形象"和"传神"；也因为他细致传神的描述，使听众或读者在接收信息时少了很多障碍。在这里，已不是"能不能写长"的问题，而是"会不会写"的问题了。

缺乏读者意识，忽略他人可能的感受，总以为对于自己看到的东西，旁人也一定会有同样的印象，而不知道这一切应当用自己的笔去"还原"，应当通过"描绘"去传达，这是很多学生的写作通病。当然，"什么是描写"和"为什么要描写"几乎是同一个问题——就是要把自己所见到的一切用文字传达出来，使读者读后脑海里出现的形象与作者所见的图景高度吻合。很多学生总以为用叙述可以解决一切问题，因而缺乏描写意识，进而不会描写。其实，过多的叙述不过是详细交代事件的"顺序"，只能解决"往前走"的问题，即使一些学生懂得"一波三折"，也至多是走条曲线，而不知道应当"停下来看"（描写）。这就是记叙文"写不长"的主要原因。一些教师的写作教学可能也忽视了这样的指导。

议论文"写不长"则往往在于学生不了解议论的作用，缺乏议论的兴趣，议论的过程被弱化。学生在文章开头亮了观点，但写作目的不明，不知道需要通过文字来显示自己的"说服力"，不懂得要展示"支撑论点的过程"，而是匆匆忙忙直奔结论。所以，三五句话就亮了观点，仿佛不屑与人论辩，随即便是所谓的"摆事实"，举出一两个并不一定妥帖的例子，就自说自话地收住，那意思仿佛是"事实胜于雄辩""你自己慢慢去体会吧"。——我讲评议论文作业时，问学生有没有这样的情绪，很多学生都会心地笑了。这些学生"写不长"可能还在于缺乏读者意识，认为"我知道的你就该知道""我想到的你也一定会想到"，所以不必多言，而也正是这个自以为是的"不必多言"，最终让一些学生感到"无话可说"，进而"不会说"。

我们在教学中经常说"把议论引向深入"，可是如果教师个人的认识是肤浅的，他的学生往往也就不会深入思考；而如果教师认为学生独立思考是没有价值的，学生作文往往也就自觉地"浅"了下去。这样的"浅"，必然造成无话可说。电视台播放低俗的小品，嘲弄残疾人或弱势群体，批评这种表演低俗，是立场和情感态度问题，是基本素养，学生凭最简单的道德判断就应当解决。然而要分析这种现象何以有市场，则需要从国民素质，从文化管理体制诸方面去分析，教师如果能启发学生就这类问题做深层思考，自然不愁学生无话可说。当然，话说开后如何把握分寸，则是另一个问题。

针对"写不长"的问题，我经常的做法是引导学生静心思考。如果是记叙，多想想：当时的情景究竟是什么样的？对读者而言，我的描述能不能"再现"当时的情形？我是不是应当把讲述的节奏放慢一些？如果是发议论，则应当想到：我表达观点的条理是否清楚？我的读者可能会在哪方面、对我的哪一句话产生误解？……

在这里我想指出一种现象，即学生的作文习惯往往和教师的教学有关，他写作上的困难可能和教师的教学观和评判习惯有关。在起始年级的教学中我经常发现，如果学生在九年义务学习阶段接受了正确的写作指导，他一般不会觉得写作有什么特别的困难。学生"写不长"有时可能是因为教师不喜欢某些内容，造成他"不敢写"；有时是教师要求过高，总是认为学生的写作"提高过慢""不到位"，导致他"不会写"。学生从语文教科书上接触的文章大多是经典作品，一些教师的写作指导往往以经典为样本，拿学生作文和教材的表达相比较，这种做法没有必要，这样的目标会让初学写作者感到"不可望也不可即"。教师在作文指导和评价方面应当有比较客观的标准，不能让学生在学习的初始阶段就丧失写作的兴趣和信心。

在和同行讨论这个"写不长"的话题时，我注意到，有些教师对学生作文"无话可说"的研究，已逐步延伸到教师自身表达习惯的问题。确有这样的现象：教师自身不善于表达，也就无从引导、启发学生有效表达。有些教师自身不善于感悟生活（我们也可以看到，一些教师自身观察能力比较差），当他们看到学生描写一件趣事时，经常不以为然地说："这么巧的事，怎么被他看见了？"他们还缺乏幽默感。我曾在一些公开课上看到，发言学生饶有兴味地表达，全班大多数学生都觉得有趣，听课的教师也忍俊不禁，可是授课教师并不敏感，反而批评学生大惊小怪。在这样的教师面前，有些学生逐渐失去了表达激情，他是"懒得多写"，而并非是"写不长"。所以，学生写作方面的一些痼疾，教师是不是也该从自己身上找一找原因呢？

你愿意做一个"拾荒者"吗

一位学生的作业本上记着一行字——"一只世博老鼠"。这句话是什么意思，有什么故事，我没有问他，但我知道这位学生很有生活情调，有想象力，于是我猜想他一定是受到了什么启示。他也许已经构想好了一个有趣的故事，当然也许只是想用一句话来评价某件事或某个人，可能怕忘了这个不同一般的绝妙构思，便信手记在作业本上……这仅仅是他的习惯，随手记下一句话或一个短语，以记住一件事、一种构想或一个观点，他的家里可能还有几个本子，专门记着这样的断想、随想；他的本子里记的东西可能很杂乱，千奇百怪，但是他看得懂。我相信很多热爱写作的人都有《契诃夫手记》式的杂记本，而且他们可能并不是在学契诃夫，他们甚至不敢想象大作家也有同样的本子，他们几乎都是无师自通地这样去做，因为这个办法方便。

我问过一些学生："你们有这样的本子吗？"多数学生说"以前有"，小学时老师教的，叫"观察笔记"；少数学生说"现在也有"。记什么？"乱七八糟的，见什么记什么"，这是谦辞，也可能是敷衍老师的话。他们再也不会把那个本子随便给人看，那些"乱七八糟"的只有他们自己才懂的短语或密语，到时候就能成为他们独一无二的智慧和诗篇！

其实我也有这样的习惯。我常把那些经过自己思考的可以诱发联想的句子记在本子上（或是记在电脑文档里），还有很多让我感到有趣的事，比如学生的故事、同行的感慨、陌生人的谈话，等等。我是个生活的倾听者、"拾荒者"，我也建议学生成为生活的倾听者、"拾荒者"。

反观那些叹息"没东西可写"的学生，他们没有写作资源，正在于缺乏积累的意识与习惯，他们很可能认为"拾荒"与学习无关，而不知道"拾"到的"荒"被记在那个本子上后，已经变成了宝藏。

小学阶段，教师一般都会要求学生写观察日记，培养观察能力。这种观察能力能否有持续的发展，在于教师能否引导学生从观察具体的物转向观察社会的人与事，并能有所发现、思考。让学生保持并发展这种观察思考的兴趣，对发展他们的发现力和判断力将起着不可估量的作用。

奇怪的是，进入高中学习后，相当一部分学生观察生活的能力减退，写作缺乏生活，下笔空洞无物。很多教师也反映高中生的记叙能力不如初中生，发议论往往也只会罗列陈例，"不讲理"。有人认为这和应试教学有密切关系，也和所谓重理轻文的风气有关。我多次听到一些教师对学生课外阅读的攻讦、对学生参加社会活动的攻讦，强调要"两耳不闻窗外事，一心只读圣贤书"。也许他们认为自己是成功者，努力要在学生面前介绍自己的学习经验，可是我从未见过这类教师有什么见识。他们的表达能力也很差，说不出一句能让学生心悦诚服的话，连传达简单的信息往往也弄得面目全非。有位校友说，毕业多年回母校参加校庆，主持人请每位教师向过去的学生说一句话，结果七八个教师都只是重复一句"常回家看看"，弄得索然无味。处在这类教师的"熏陶"中，学生很难保持对生活的爱，也不会留心身边的人与事，当然，也很难具备正常的想象力和高尚的好奇心。需要说明的是，很多语文教师自身也不是优秀的观察者和表达者，他们的工作目标仅仅是对付语文中考、高考。

学生的生活真的那么单调，真的没有什么可写的吗？最近我和一些高中生在闲聊中谈到学校食堂，他们对食堂的印象仅仅在于饭菜的质量，他们不会估算一份饭菜的成本，他们不想了解食堂的就餐人数，也没有描述过食堂最热闹或最冷清的场面，他们竟然说不出发生在食堂的最有意思的故事，他们叫不出任何一名炊事员的姓名，而他们在食堂就餐已经两年多了！我在教学中，对每一届学生都说过"在食堂……"，但真正能把"食堂题材"写好的同学并不多。这也显示出学生观察积累的意识与能力存在着很大的差异。

我认为在应试教学盛行的状态下，即使学生到了高中，也得经常提醒他们注意积累作文素材。每隔一段时间，我都会提醒学生去关注一些事物，并把自己的印象或感受记录下来。如果他们能有这样的习惯，写作时翻一下自己的"灵感库"，也不至于提笔四顾心茫然。

朋友的孙女在读博士，她回忆初中时读儒勒·凡尔纳的小说，对小说中那些"有办法的人"极为敬佩，而后来她在漫长的学习生活中发现，"那样的人其实很多很多"——她以小说人物为标杆，发现了一类人的某些共同特征。这说明每个人的阅读经历都会对他的经验积累形成影响。

有位教师针对学生写作素材枯竭的问题，想了一些办法。她让每位学生都说出一个震撼过自己的电影镜头，同时要求学生说清看电影时的年龄、情境和感受；或者让每位学生用一分钟时间，说出一个让自己感到意外的生活情节（或是感动了自己的生活细节），介绍自己当时所受到的心灵震撼。全班发言之后，看看彼此有没有受到启发。毫无疑问，在这样的"诱发"下，每个人的面前都打开了许多窗口，所有人的"积累"都丰富了。

提醒学生关注、调动积累的方法还有很多。最近社会上有什么新闻？哪些新闻引发了你的思考？你的思考和社会一般认识有什么不同？如果有发言的机会，你最想说的是什么？今天课上老师布置"我最喜欢的一个形容词"，令你联想到什么？你最喜欢的动词又是哪一个？在语言表达方面，你和最好的朋友有哪些不同？如果替老师们归纳语言风格，他们每个人的代表性语言是什么？

当你读到高三时，已经有大约70名老师教过你，加上没教过你但你认识的老师，可能超过100名，而比这个数字更可观的，是你认识的各种人的总数！如果你能记起他们说过的一句话或是一件事，总数将是非常惊人的！……

生活真是太丰富了，然而竟有教师认为学生"没有生活的底子""的确写不出什么"，岂非咄咄怪事？

培养学生自觉修改的意识

每次安排作文修改时，我总发现有些学生只能在原文上改动几处字词或标点，即便如此也要耗费半节课时间，效率很低，像是在敷衍教师。曾听学生说"我觉得能写出来已经不错啦"，这类学生缺乏提升自己的愿望，不知道"好与不好"的差别，要让他们去改，很难。

学生不愿修改自己的作文，可能的原因有很多。比如，如果教师的要求高了，学生难以接受，感觉无从下手，便不想改；如果学生还没有意识到自己的文章需要修改，有什么必要勉为其难？很多情况下，学生不会修改的原因是根本没有掌握写作的基本知识，看不出自己文章的毛病。为什么会看不出文章有需要修改之处？可能和他的阅读量不足、缺乏比较有关，和他缺乏读者意识有关。也可能是学生缺乏信心，对文章修改一无所知，又没得到示范，缺少相应的指导。总之，他没有自觉修改的意识。

学生进入高中学习阶段，理应有修改作文的一些基本经验。他们面对一篇有毛病的作文一筹莫展，既有学习态度问题，也和应试教学的功利性有关系。应试写作教学的动力经常是"对付"考试或完成任务，而不是通过写作获得愉悦。学生在义务教育的最后两年，在教师指导下学会"对付中考作文"，习得不少"技巧"，但仍缺乏比较厚实的阅读积累和扎实的基本写作技能。更麻烦的是，他到了高中，再次遇到以应试为目的的写作教学。对付这种用几十秒钟至多两分钟就阅评完毕的考试作文，的确需要一些"路子"，然而谁都知道这与真正的写作技能相距甚远；而由于它有"利"，教师和学生往往陷入其中不能自拔。许多教师会有这样的经验：高考作文成绩未必能反映一名学生真实的作文能力，而真正具备写作能力的学生并不怕高考作文。可以说，凡在写作学习中具有修改意识并具备修改能力的学生，才是真正有写作素养的学生。这样的学生有思辨能力，懂得文章优劣，知道怎样去修改，一旦他能有点儿时间，总能通过修改让文章超越一般人，也超越自我。

对那些不愿意修改作文的学生，我经常告诉他们：修改是件愉快的事。——修改的目的究竟是什么？是把混乱不清的地方理得井井有条，把遗漏之处补得天衣无缝，把平淡的表达改得意味深长，把灰暗的地方擦亮……这，就是修改。

还记得手把手教学生修改作文的经历。我要求学生动手改作文，学生像是没有什么办法，速度极慢。我不耐烦，拿过来动手帮学生改了第一页稿纸，让学生看。学生很高兴，表示很佩服。我问："现在你知道怎么改了吧？能不能自己改第二页？"学生说："你能不能再改几处给我看？"他仍然看不出哪些地方需要改，也不知道该如何改，教师的代替完全没有作用（这也是我不主张教师"批改作文"而主张"批作文"的原因之一）。这以后，我经常问学生的是："你自己认为哪些地方要修改？"只要他能看出来，就该知道怎样去改！因而，能发现问题是修改的前提。从这个意义上说，把自己的文章修改一遍，往往要比多写两篇有用。

回顾自己在文章修改教学方面的经历，有一点还是值得做点儿小结的，即对不同的学生提不同的要求，所提出的具体修改要求要稍高一些，让他们"踮起脚跟才能够得到"。在一个教学班中，几十名学生的写作能力不在一个水平上，没有可能也没有必要做统一的要求；即使同一名学生，他在不同文体的写作方面，发展也是不均衡的，他最有必要提高的可能也只是某一方面的问题。因此针对不同情况，提出的修改要求也应当是不同的。我会对一位学生说："你把段落重新整理一下，适当地搬搬家，让文章有点儿起伏，你试试看。"我会对另一位学生说："你就用顺叙，把段落调整一下，不要把这件很感人的小事写得太复杂。"要视学生的写作个性和具体能力来提要求，我不愿意学生把文章都写成一个样。也曾有学生问，为什么老师提的要求不一样，我则较多地从阅读积累、写作个性以及文体选材诸方面的不同做出解说。

教师在指导修改时，还可以把要求说得明确一些。比如，我教"学会严密地论证"时，让学生在交作文前再做如下考虑："看看立论有没有破绽，是否经得起质疑，看看说理的顺序是否正确，看看表达有没有不清楚的地方，看看能不能把话写得更简练一些，看看遣词造句是否会出现歧义……最后读一读，有没有什么地方语句不通。"我在很长一段时间内，允许学生上交涂涂改改的文稿，虽然"卷面不整洁"，但通过学生修改的痕迹，可以揣摩他修改的原因，了解他写作的过程，我甚至想看看他究竟在犹豫什么。如果在这样的引导和宽容下，学生仍然懒得修改，那教师也就没有什么可说的了，我们应当允许学生尝试并体验失败。教育，是慢的艺术，有时候需要等待。

文章修改的能力不是靠几次练习就能培养出来的，引导学生在教师的指导下积累修改经验，需要一个较长的过程，在这个过程中，教师要尝试一切可能的方法。以前我也用过"互批互改"，发现只对部分学生有用，比如同桌二人作文水平相距过大，就没法"互批互改"。何况写作体现的是个人意志和个人的表达习惯，怎么"互改"？我发现"互改"往往让学生难堪，也让教师尴尬。我觉得还是"自改"的效果比较好，特别是学生有了阅读积累之后，再去看自己的旧文，动手修改的意识往往一下子就出来了。我鼓励学生保留旧作文，也有这个目的。一般情况下，对于只得了六七十分的作文或是得了一个"B"或"C"的随笔，很多学生觉得没有保留价值，可他们忘了这是自己的学习记录，也是自己的作文财富。有一年的高一下学期，我让学生把初三的随笔本找出来做比较，时隔一年，让学生看到自己写作的进步。同时，我问他们有没有可能把初三写过的内容重写一遍，有些学生这样做了。他们对能以新的高度审视以前的生活，能以新的表达方式修改旧作感到愉快，而保留在他们记忆中的许多题材就不再是"一次性"的了。

引导学生积累修改的经验

文章的修改需要逐步积累经验，不可能一蹴而就。这是一种持续发展的能力，从小学到高三，甚至更远，只要动笔写，就有修改，或是纠正错误，或是精益求精。

在写作上，凡是有修改能力的学生，一般不需要教师操心。这类学生的阅读量比较大，有一定的经验，有能力看出文章的长短，往往也能在写作之后发现自己文章需要修改之处。有时，只要在他们的作文原稿某处打个问号，他们就能很快地想到存在的问题，迅速地领会教师的意图。教师应当思考的是：为什么学生在写作时会把文章写成这样而不是那样？学生没写好的原因可能有很多，比如：当时不在状态，审题不清；选材粗疏，或是内容单一，或是取舍不当；因为匆忙，没拟提纲，想到哪里写到哪里，结构紊乱；时间来不及，对论点没能深入阐发……对这样的作文，我的批语往往只有一句"自行修改"，或是在需要修改之处打一个问号让他们自己去想。学生自己能想出来，比我的批改要有用，他们交来的修改稿一般也都能达到要求。

有些学生则需要提醒。我的修改意见一般也只有一句话。比如，"把第三段和第四段位置对调"，这是谋篇布局方面的问题，学生看到批语后自行比较，就能发现两个分论点的主次的确有问题，一下子就能想明白。或者"从第五段起，删除300字"，学生看到后就知道是嫌他的语言啰唆了，他会审视自己的表达，发现赘余的话。有时，我会在他罗列的例子下面打一条横线，旁批"陈芝麻烂谷子"，他也会恍然大悟，叹息自己的用例陈旧，会动脑筋找一两个鲜活一些的例子替换。

也有学生完全没有修改意识，他们认为自己能把"不少于800字的作文"写出来就心满意足了，根本来不及考虑读者的感受，甚至不在意得分。我教过的每个班几乎都有这样的学生，而且数量不少，特别是在理科班。对这样的学生，教师一般难有精力从根本上改变他们的观念，毕竟中学阶段能教给他们的东西是有限的。但我还是坚持把要求向他们说明白，至少得让他们的作文达到高中生的一般水平，比如不能写错别字，要让语句通顺；稍高一些的要求是，文章的基本框架不能出大问题。我常常要求他们把自己好的作文读一遍，读两遍，尽可能让他们自己发现需要修改的地方。

我教初中时，经常发现学生的叙述达不到要求，我和学生谈话时经常要问："你的作文中说那个人说话的腔调'怪'，究竟是怎样'怪'呢？""你写到李老师'总是很严厉'，可是文章中一点儿也没提到他的严厉，你是忘了吗？""'课间教室里很闹'，能写具体一些吗？当时究竟是什么样的？"这种要求比较具体，学生容易领会，修改作文很好办。到了高中，情况就会复杂一些。初中没关注的问题，到了高中就比较难解决。比如，有些学生始终不明白写作要注意阅读对象的感受，他们像是永远在一个封闭的环境中自言自语，而且已经成了习惯，这就很难引导他们修改了。所以，语文教师要尽可能把本阶段担负的教学任务完成，引导学生注意积累一些学习的经验。

在学习写作的某个阶段，教师要适当强调某方面的知识。比如，很多学生写记叙文，只记得说出自己的故事，往往忘记了谋篇布局的技巧，把很好的题材写得索然无味。这时教师只需提一个"调整结构"，让他们考虑"顺序"与"详略"，重新调整组合，使文章有些波澜即可。而他们在调整结构之后，就会发现美中不足，比如语言表达过于平淡等问题，这时也会有重新润色的意识。学生领略到修改后的进步，对自己的作文能力便会逐渐产生信心。

有些修改原则需要反复强调。比如，很多学生选择阅读作品时有相当高的要求，拒绝阅读平淡无味的文章；然而自己的写作却总是缺乏积极修辞的意识，也没有表现出这方面的能力。我曾在面批中发现，一些学生并非完全没有这方面的能力，而是惰性使然。他们总认为已经把话说清了，而没有考虑如何用自己的文字去打动读者。针对这种现象，我会明确地告诉他们："没人肯读，等于白写。"

修改也不要提过高要求。我看过一本作文辅导书，书中把修改训练分解为十多次具体活动：这次只改立意，下次只改结构，甚至语言表达的要求也分解为"消灭病句"一次，"通畅"一次……我不主张用这种方法指导文章修改。一个教学班的写作水平不可能整齐划一，有些学生写作技能基本过关，已经能自行修改，就没有必要加重他们的作业量。特别在高中教学内容多、课时不够的情况下，更没有必要分项训练。高中的作文修改可以用综合的方法。如果分得太细，如同肢解，学生无法从整体上把握文章。

当然，综合修改也不必要求学生在一次练习中面面俱到地完成全部技能训练。如果一次作文的修改要求太全面，也就是从立意、结构、表达诸方面都提出要求，学生不容易把握。改到七八成，让学生明显看到自己的进步就可以了。我在过去的教学中曾做过较高的要求，可文章在改了两遍之后，早已面目全非，学生也失去了主动意识，只是被动地揣摩教师的意图。即使改完，那已经不是他的文章了。虽然高中教学要求学生有自行修改文章的能力，但在这方面，能不能分几步走？比如，认识多少改多少，认识到什么地步改到什么地步，一次只解决两三处问题，着重基本的训练，等等。如此，经过一段时间的练习之后，学生逐渐就能在教师的指导下，比较全面地分析自己作文的得失，做比较大的修改了；在积累了一定的修改经验之后，学生也能够修改他人的文章，并有兴趣对自己的旧作做全面的综合修改与提升了……

培养正确的表达观

某年省中学生作文大赛颁奖仪式后，学生和作家交流，有学生问作家黄蓓佳："为什么你的文字总不太华丽？"——学生的提问令我惊异，没想到一些学生习非成是，竟以为从老师那里学来的应试技巧不但可以打开高考之门，也能指导文学创作，认为"华丽"应当是文学追求，这就近乎荒唐了。黄蓓佳当时回答说，我只想让读者关注我要表达的意思，我不需要堆砌华丽的辞藻，否则我就不是黄蓓佳了。我注意到那位提问的学生仍然一脸困惑。

由于评价系统不同、评价办法与客观条件不同，教师的教法也不尽相同，于是形成的表达习惯也就不同。"不同"，本是教学期待，是好结果，但无论如何不能愚蠢，以烂疮为艳丽。写作教学本来只需教"本"，学生习得方法之后，可能会因为"趣"而写作，但应试写作追求的只是"分"——成王败寇，能得高分就行，因此往往就以哗众取宠为能事。"会写一段漂亮话""第一段就把阅卷人'震倒'""充满诗意的文化想象"等，就成了对付应试作文的法宝（虽然这也是被阅卷风气逼的）。早几年高考阅卷结束时，报刊介绍的高考作文多有辞藻华丽之作，颇得社会欢迎。在这样的氛围里，一些教师的写作指导把学生引向"华丽"，也是顺流而下。虽然不是每个学生都有这种"华丽"的能力，但一些教师从小学就让学生养成"积累好词好句"的"好习惯"，而那个选择标准便开始歪向"华丽"了。

其实"华丽"的选择也不过相当于"有人曾经在这里捡到过撞死的

兔子"，实在没有道理。会玩这套把戏的人多了，则滥俗无比。高中生质疑知名作家的语言质朴平易，这个笑话会传下去。

我认为，教学中应当指导学生用符合自己本色的语言去表达，"什么样的人说什么样的话"，反对矫情和虚假。

过去教师批评一类作文（特别是议论文）语言不佳，有一种说法是"学生腔太足"。现在看来，这种批评没有必要。学生写文章就要像学生写的，如果学生下笔像官方新闻或是"干部腔""明星腔"，那才是怪事。然而如今也就这么怪，一些学生发点儿议论，不但像官僚背书，像新闻播报，有板有眼，而且形成风气，很可怕。十多年前，我曾在高考阅卷工作结束后起草总结，谈作文教学存在的问题，对学生的表达习惯表示担忧，提到"现在的作文考试不像是高校选拔学生，倒像是就什么事表态""缺乏理性，也缺乏激情，没有一句话像是思维情感正常的人说得出来的"。——记得我读到这里时，大家一致叫好，认为击中了弊端。

而我恰恰也看到，有些教师，把学生学会空喊政治口号视为"内容健康，积极向上"，甚至认为学生的文章有点儿"官腔"和"功架"，以后"能做大事"。这种"指导"，比放纵学生追求华丽更糟糕。我认为这已经不是教学观念落后的问题，而是学校缺乏教育理想、教师亵渎母语文化的表现。

写作教学应当培养正确的表达观，"我手写我口，我口说我心"，要鼓励学生既有文采，又显现本色。

议论文的语言表达，能有点儿文采固然很好，但首要的是平实、清晰，要论述清楚，有什么说什么；同时要考虑如何让听话人、阅读者注意论述过程，心悦诚服地接受作者的观点和主张。一种观点、一个道理，希望人家能接受，"说清"是最重要的，但如果这个观点、这个道理并不深奥，是浅显乃至尽人皆知的，表达过于"平实"，也有可能变得"寡淡无味"。用朴素的语言宣传朴素的真理固然顺理成章，但如果能用精彩的语言宣传朴素的真理，将更有说服力和感召力。只是如果不顾听者、读者的感情或接受能力，居高临下，强词夺理，滔滔不绝，那也许只能适得其反了。

做到"有文采"，文章要力求生动形象，词语要丰富多彩，句式要灵活、富于变化，要有积极的修辞意识并善于运用各种修辞手法。近年很多教师反映，一些学生语句尚且无法写通顺，文章的基本意思尚且表达不清，一时还谈不上文采。我想，没有必要强求，只能慢慢来。

有些学生善于遣词造句，善于修饰，善于积极修辞，下笔总能有一些精彩华美的语言，教师如果对此做过多的肯定，有可能会形成误导，会让另一些学生就此认为自己缺乏文采，失去写作自信。语言的风格是多样的，华丽绚烂是一种美，平易质朴也是一种美。几十年前，中国人向往城市的现代化，向往高楼林立、车水马龙。然而当这一切成为现实之后，人们又向往慢节奏的乡村生活、田园情调了。写作的表达也应当有多样性，教师要引导学生根据个人的能力选择最恰当的表达方式。语言平实无华，没有什么可羞愧的，倒是不自量力地追求形式美，会导致文章恶俗不堪。孙犁曾告诫青年作者："你心里有了许多话，你要描写一件事，这件事老在你的心里打转，它一切都准备好了，单等你拿语言把它送出来。那你就把它送出来吧，不要怕你的文字不'美'、言语不文。用花轿送出姑娘固然好看，初学写作好比穷人，把你的姑娘用牛车拉出去吧。只要文章的内容好，语言笨一些没关系——但记住这是说初写，你千万不要认为这就好了：我可以永远用牛车往外送姑娘了。这样下去，会弄成车上已经不是姑娘而是粪草了。"孙犁这段话，本身也是很好的语言范例，通俗平易，其隽永恰恰在于质朴无华。

还须注意引导学生向一切人学习语言。这里说两个小例子。20世纪30年代，东北抗日将领马占山，绿林出身，"九·一八"后，率部在黑龙江抵抗日本侵略军，一时成为新闻人物。英美记者采访他，问："马司令，日本军队有飞机、大炮、坦克，你只有步枪、马刀，能打得过吗？"马占山没什么文化，却有丰富的生活经历，他慨然回答："打不过他，就甩他一身鼻涕！"这句话很通俗，很传神，有豪杰之气。如果让马占山换"规范"的"答记者问"或虚与委蛇的官方用语来谈，可能不会给听众留下什么印象。2002年秋天，中央电视台记者在陕西农村采访，了解农村干部乱收费问题。一些村干部下台之前都称自己为村里干活，不但没有得到钱，反而被村里欠了工钱。朴实的村民对着镜头，只用一句话就挑明了真相："吃馍咋会咬到自己的手指头？"要说土，这句话真够土的了，可是味道很足，形象生动。有时，不加修饰的语言也会令人震撼。本色的语言，却能为文章增色，让读者难忘。

本色的语言与追求"生动形象"不矛盾。"生动形象"主要是对记叙文的要求。要学会灵活地运用各种表达方式，善于描摹刻画，使人物形象（或物象）丰满、细节描写准确生动。例如，描绘人物要形象而有生气，刻画人物的心理活动要细腻等。文章能给人留下深刻印象的地方，必定是出彩之处。所谓"出彩"，有时是新颖的构思，有时是"聪明话"，有时是生动形象的细节描写。一位高中生写家庭故事，其中有一段描写："奶奶甜甜地睡在那里，像一个温顺的小女孩。爷爷轻轻地给她盖上毯子，轻轻地关了台灯，轻手轻脚地带上了门，像疼爱小妹妹一样。他的神情平静而慈爱……"这是好多年前看过的一段文字，至今不忘，因为我很少见到学生这样写爷爷奶奶，也很少看到有人能这样描画出老人之间的温情。这个细节描写极见功力。如按照一些同学的"简明"来写，只用一句"爷爷替奶奶盖上毯子"就完事，孰优孰劣，一目了然。这类写作案例，教师在指导时，宜启发学生举一反三。

文句要有意蕴，指的是能用简练生动的语言描摹事物，说明事理，使话语有内涵。一句话能不能说得吸引读者，让读者回味？能不能有丰富的内涵？能不能动点儿脑筋，让一句话相当于好几句话？我在教学中强调过，表达要"中看""耐看"。有些学生偏爱某种表达方式，以为富有情调，便一用再用，这时，教师就要提醒他们注意学习多种表达的手段。须知并不是所有内容都可以用一种固定的形式来表现的。

信息网络时代，学生爱用"时尚语言"，比如，故意错用成语、模仿广告用语、学用港台新词、在作文中大量使用不规范的网络俗语甚至不健康的语言等。这些都会造成阅读障碍，让人无法判断作者的语言水平。有的学生热衷于使用欧化的语句（不但如此，连人物故事与情调也都喜欢用欧式的），明明简洁的一两句话就可以说清楚，他偏要绕上几个圈子，偏要用上几个连他自己都未必明白的术语，偏要加上成组的修饰，偏要用上一个长达五六十字的长句，非要搞到别人看不明白，才认为是有水平。这样做往往适得其反：如果是为了显示语言修养，那成了东施效颦；如果是为了表现阅读面广，则显得浅薄无知。

老老实实地去写

之所以强调要"老老实实地去写",并非我的学生不诚实,而是因为他们的文章太"花"。不知什么时候兴起来的,刚刚高一的学生,文章开头,二话不说,劈头盖脸就是一组排比句!或风花雪月、缠绵悱恻,或激昂慷慨、热泪翻滚……像我这样进入老境的,看了就有点儿受不了,像是看到陌生人强行挤进门来献花、送礼。这些学生的招式,如程咬金的三板斧,一组排比句过去,也就没有什么像样的话了。当然,这种过于急切的排比句,也会让有些教师像接连挨了三闷棍,昏头晕脑之下,给出一个高分。

按我们以往的经验,写到需要的地方,为了增加议论的力度和表达的语气,或是为了必要的抒情,可以在叙述中间或结束之处,适当地使用排比,表现自己的情绪,以给读者留下较深的印象。为什么会出现滥用排比句的现象呢?"这是中考前老师教的",学生说。因为考试作文阅卷时,教师快速浏览,不一定能看见"漂亮话",那就得"把花戴在最显眼的地方",于是排比句的位置最终调至开头,成了蒙人的"三板斧"了。又因为用了这种方法至少没吃亏,甚或讨了点儿便宜,于是竞相仿效,流行开去。适当地用排比句,是好的表达;处处不忘来一组排比句,则是恶俗。

还有一种"花",是装腔作势说大话,这种现象背后好像也有老师的影子。(我说这样的话不怕得罪同行:应试教育的报应来了,当年用这类路子写应试作文的一代学生,现在已经站在讲台前了。)比如,有些老师为了让学生的文章显得"大气"，不是鼓励他们多读书、攀登精神高地，也不是引导他们质朴为文、"我口说我心"，而是让他们多背豪言壮语，以势压人。我每次在文章中看到"不想当将军的士兵不是好士兵"，都不以为然：学生不是会背"战士军前半死生，美人帐下犹歌舞""一将功成万骨枯"吗？怎么就这么缺乏人文教养，缺乏悲悯情怀？在高中生作文中，还经常看到这样一句豪言："给我一个支点，我能撬起地球！"——不断地听到学生发出这样豪迈的呼喊，听多了，也许就会庆幸：幸亏没有谁能给他一个"支点"。可是现在我的问题是：他们为什么要撬地球？他们把地球撬起来是想证明什么？证明他们野蛮吗？证明他们有毁灭一切的力量吗？我不明白，青年为什么如此不敬重地球？据说这句话最早是阿基米德说的，他唯恐世人认为他发现的杠杆原理不重要，于是一定要说得惊天动地，其实他才不会犯傻去撬地球呢。

不好的文风也来自学习的环境。我在一所学校就看到张贴的"排比句"："……给你一部历史，让你翻阅；给你一种文化，让你感受；给你一些时间，让你安排；给你一个舞台，让你表演；给你一些机会，让你创造；给你一个期待，让你自我成长……"因为处处可见，几乎每名学生都熟悉这段话了。但是如果推演到"给你一个支点，让你去撬起地球"，就能看出思维与文风方面的缺憾了：应当属于学生的一切，包括时间，竟都是学校"给"的，而不属于学生自己！——学生在这种文风的影响下，动不动就说要"撬地球"，甚至对自己的情感、态度也不负责，也就很自然了。

由于应试作文评价的偏向，一些教师主张的简约平易的文风就很难推行。而学生追求形式，往往花里胡哨，大事铺陈，"功架"很大，却是虚张声势，一无可看，以丑为美，自得其乐。令人遗憾的是，这也来自一些教师的"指导"，其基本思路，可能也和"把花戴在最显眼的地方"如出一辙。

如今的教育教学过于功利。没有直接的"好处"，学生不屑于去做，教师也懒得教。在教学中，引导学生学习抒真情、说真话、质朴为文，究竟是多难的一件事呢？我看是不为也，非不能也。远的不说，就说语文教科书，上百篇文章，有哪一篇是教你学花架子、野路子的？

我同时认为，虽然青少年中任何风气的形成都会有多方面的原因，但具体在文风问题上，语文教师自身的认识，往往特别重要。

提倡简约平易的文风

叶圣陶诸前辈的教育论著，在表达方面简约平易，没有什么看不懂的，可是现在一些教育学者的论文，却热衷堆砌术语新词，句式缠杂不清，难以卒读，失其本矣。有一次和教育学家顾明远教授、陈桂生教授谈起这个问题，没想到他们也为硕士、博士论文的佶屈聱牙而苦恼不堪，简单的教育常识，被他们解说得深奥艰涩，难以卒读。我当时听了大笑，回来则忧心忡忡：谁要是再把这种文风传给中学生，我们以后批阅学生作文可就要受大罪了。

很多教师也有同感：有些作者，行止完全正常，也能正常待人接物，唯独在写作上，总是要把浅显的意思说得繁复不堪。为什么不用大众都能明白的话语言说呢？究竟是什么原因让他们弃简就繁？我真不明白。有出版社编辑见多识广，说："如果他们把学术'普及'，圈子里的人就不带他们玩儿了。"当下学界这种古怪风气，就是以"让你读不懂"为追求。恕我眼俗，看一些名流的著作，发现明明可以平易通俗说清的问题，他们非要堆砌新词，用长句兜圈子，翻滚转体，放烟幕，舞动灯光，故意上气不接下气，让你头晕目眩，对他肃然起敬。有教授对学生实话实说：做博士论文，"花"一些也就算了，一如唱戏要描脸谱；等到通过答辩得了学位，写文章首先还是要让人看明白。谁承想不少青年见这一套灵光，唱完戏下了台不肯洗脸，就这么带妆上街，入教室、上讲台、进新华书店去了，于是遂得"博士体"之讥。

高校文科研究中这种流行文风，影响了一些中学教师。每年假期培训，主办者都会请一些学者来讲学。有些听众的判断标准比较怪：如果报告人讲得平易通俗，他们便不以为然；如果讲得艰深复杂，让大部分人听不懂，他们反而推崇备至，认为此之谓学问。如此一来，麻烦大了，因为一般而言，教师倡导什么文风，学生也多会起而模仿。

在基础写作教学阶段，应当提倡简练的表达。教师在个人写作空间，喜爱什么样的表达风格，尽可以保持，但在写作教学过程中，尽可能不要以个人喜好影响学生的学习。中学生没有升入学术研究阶段，没有进入文学创作的境界，让他们学会简洁平易的表达，这个"底子"很重要。至于学生升入高校后，如何适应专业写作的要求，如何追随导师，那是以后的事，到时会有相应的教育。在基础教学阶段，不要过早地把一张白纸涂满印记。

大约与学术界"繁复化"蔓延的同时，散文界也时兴华丽的铺陈，对写作教学也产生了影响。十多年前，"文化历史大散文"出现时，不少教师非常推崇，也影响了学生。当时，在平淡的作文中来那么一段华丽的铺陈，有如穷街陋巷挂了几只红灯笼，虽然未必和谐，毕竟"亮了"，有"彩"了。这让一些教师心理颇感宽慰：毕竟学生作文能夹杂些"文化"了，毕竟有点儿像读过书的人了。而不知不觉间，虚浮花哨的弊端也就潜伏下来。

盲目模仿这类华而不实的写法，以不变应万变，也让一些学生反应迟钝，丧失了思考能力。这类远离生活的文章写起来几乎可以不动脑筋，也无法体现作者的思考价值，而浮华的文风完全有可能影响学生的世界观和人生观。

时下文风自由，学生可以模仿的对象很多，然而一不小心就选错，一选错就贻害无穷。曾有杂志编辑让我对一篇有争议的学生作文发表意见，这篇有关佛祖的作文像谜语一样，语言浮靡华丽，排比抒情无病呻吟，不求通畅，只求复杂，我把它看了七八遍，也只能大致猜出作者想叙述的基本意思（虽然我觉得很无趣）。这位高中生可能走火入魔般敬佩某种繁复的范式，误以浮华、神秘为美，表达又欠功力，只能写得云遮雾罩，怪里怪气。我认为教师和刊物把这类作文拿出来商讨，虽非炒作，仍有可能引发学生的误解。实话实说，如果不是编辑要我发表看法，我是不会花那么多时间去受这种折磨的——有很多想读的书我还没有时间去读呢！从接受习惯而言，很少有人会喜欢故作晦涩、伪装忧郁和极端自我的文章。对写作练习者来说，刻意追求"异端"，除了吸引眼球，除了给人制造阅读困难，绝无好处。

修辞立其诚。这个"诚"，首先在于对读者的尊重，要掏出心来，让读者看到真诚。写作教学要让学生有读者意识，文章要有个性，但表情达意要明白晓畅，不能故意为难读者。也许是少见多怪，也许是出于谨慎，我们有些教师见到表达怪异的文章，一般不敢下手评论，总要郑重其事地推介给大家讨论，这在某种程度上让学生迷惑失路。

文风也反映世风。近年，很多教师都对高中生作文的"花"提出了批评。所谓"花"，指的是浮华绮丽、故弄玄虚、做不必要的铺陈，等等。这样的追求很可能与社会文化有关。社会过于重视"仪式感"，讲排场，求华贵，从极尽奢华的春节晚会舞台、宏大辉煌的奥运会开幕式，到民间的婚庆祝寿、单位的聚会表彰，无不追求排场，倡导繁文缛节。就连班级搞一次三五十人的活动，也要有男女"主持人""闪亮登场"……为什么要以这种形式消耗时间、精力和财力？为什么不能崇尚简单质朴？

我们要鼓励学生在写作上尝试创新，但也要引导学生注意端正文风。简约平易，其实是很高的文字境界，可惜的是，我们有许多老师自身认识模糊，自然也很难引导学生去感受，去追求。

有些表达令我们终生不忘

前人评说先秦诸子文章，赞其"深于比兴""深于取象"。孔子、孟子和庄子，即使议论一般道理，也注意用生动的语言、丰富的比喻。《子路、曾皙、冉有、公西华侍坐》中，孔子让学生各言其志，曾皙说的是："莫春者，春服既成，冠者五六人，童子六七人，浴乎沂，风乎舞雩，咏而归。"几句话就形象地为人们描绘出一幅治世才有的图景，这比说"国泰民安""繁荣兴旺""和谐社会"更容易让人接受。因为只有在治世，读书人才有可能徜徉在春风中，纵情地歌咏，故而夫子喟然叹曰："吾与点也！"《齐桓晋文之事》中，孟子议论治世时则有一句"颁白者不负戴于道路"——道路上再也看不到头发花白的老人背负行李、头顶东西、步履沉重地赶路了，这就比说"生活富裕""民风淳朴"要形象可感。

大概是20年前，选"上海文明小姐"，最后一轮，仍剩两位选手，因得分一样，于是不得不加试一题，问题是："对上海的明天，你最想看到的一幕是什么？"其中一位的回答是："在早晨上班的时候，准时来了一辆公交车，车上人不多，每个人都有座位。"话一出口便赢得满堂喝彩，百万电视观众也被她的回答吸引了。当年上海面临的困难当然不止公交车拥挤的问题，但是公交车拥挤是尽人皆知的事，这位选手为大家描绘出的理想图景，一下子打动了所有评委。倘若她说"希望上海变得越来越美丽""希望上海的公交状况得到改善""每个人都有幸福的生活"，那结果是可想而知的。

要想让学生的文章有活气，就要引导他们注意学习这一类表达。

1943年5月，日本侵略军大举进攻长江石牌要塞，战区司令陈诚担心防线被突破，打电话给守卫石牌的胡琏将军，问他守住要塞有无把握。胡琏在电话里只回了一句："成功虽无把握，成仁确有决心。"爱国军人这句壮烈雄伟的誓言，和石牌血战一同永存史册。也是在这一年的11月，坚守常德的第七十四军第五十七师师长在炮火中发出最后一封电报："弹尽，援绝，人无，城已破。职率副师长、指挥官、师副、政治部主任、参谋主任等，固守中央银行，各团长划分区域，扼守一屋，做最后抵抗，誓死为止，并祝胜利。"这则气壮山河的电文也记入了抗战血史，表现了中华民族坚强不屈的牺牲精神。

2003年，我在圣彼得堡参观普希金的母校皇村中学。离开时，看到工人在修复古色古香的大门。俄罗斯翻译安东诺夫告诉我，这座大门战时被毁坏，现在为了发展旅游业，修旧如旧。我们往前走了一段路，他忽然停下来回头看了一眼，对我说："法西斯曾把我们的人吊死在门上。"这句话一下子把我拖入了残酷、苦难的记忆，让我想起了列宁格勒"围困时期"。我仿佛看到，在那严冬的沉沉暗云下，在雪地上，被捕的反抗者迈着沉重的脚步，走向百年前诗人曾流连的皇村中学大门，走向绞索……

多年前读过一篇访问苏联卫国战争老兵的报道。白发老太太回忆亲身经历：在最艰苦的1942年，前线苏军伤亡惨重，军委会紧急征召九年级男生上前线，全班女生流泪到车站送别自己的同学。火车开动了，姑娘们流着泪追赶着，挥舞着头巾……"后来，"白发老太太叹息着说，"我们班的男生一个也没回来。"在这里，一句话已经说尽了一切。还有什么可说的呢？还有什么能说的呢？留下的是无穷无尽的悲伤与思念。小伙子们的生命定格在十七八岁，它给我们留下的想象绝不是几个画面能代替的。十多年前，我在文学社给学生们说起这个例子，学生全怔住了；前年我在教师培训时，给老师们说这个例子，前排有个女老师泪水一下子就流了出来。

20世纪80年代，最早的一批赴台老兵辗转返回大陆探亲。有个空姐非常吃力地背一名瘫痪的老兵下飞机，老兵便溺失禁污在她身上，可是她一点儿也没介意。事后记者问她为什么能这样做，美丽的空姐答非所问。她谈不出什么"意义"，只是动情地说："他是回家呀！"——"回家"二字，把两岸人的情感一下子拉近了！如果她说上一通"意义"，那很可能沦为令人生厌的宣传口号。我在杂志上看到这篇报道，觉得这个记者能准确地记录受访者最富人情、人性的语言，很有职业敏感。

日本"3·11"大地震引发海啸，福岛第一核电站发生泄漏事故，为防止更大的灾难发生，50名职工坚守在重污染的核电站里，其中有一名老职工给家里的短信只有一句话："我不回来了。"在特定的情境下，五个字，意味深长。这则简明而意蕴深沉的短信传遍了日本，也传遍了世界。

…………

每见到这样震撼人心的表达，我都会介绍给学生。我试图以此感染学生，让他们都能在生活中体会到不同一般的表达，体会到激情与智慧的表达是多么重要。

孔子说："言之无文，行而不远。"富有激情与智慧的表达应当成为我们教学的追求。这些话，也很短，却足以让人记一辈子。

教科书中的经典作品，有些表达也是经典。每次给高三学生做作文讲座，讲到描写的重要时，我都会出其不意地问："还记得吗？孔乙己是怎样付酒钱的？"台下的学生会异口同声地说："排——出——九——文——大——钱。"全场学生几乎都能脱口而出！为什么他们到了高三还能把初中课文的内容记得那么清楚？因为这个细节描写简练而传神，教师必讲。这个"排"用得实在精当，找不到更简洁的语言代替它。如果鲁迅写的仅仅是"孔乙己付了酒钱"，相信再过一百年，后世的学生就会莫名其妙——谁知道他当时是"签单"还是"刷卡"的？但我告诉学生："鲁迅写出这个'排'字，未必经过推敲，这种简约、明确又传神的表达已经是他的习惯了。"

我们不能要求学生去写经典作文，也不能要求他们写出的话都"可圈可点"，我们所要培养的，就是让他们一生受用的表达习惯。

教师在教学中为什么不启发学生简练表达的意识？我刚到中学教书时，有学生看了电影《知音》，写了很长的观后感。我对学生说，这么长的一部电影，还是没有拍出人物的精神。袁世凯想要称帝，蔡锷讨袁护国，说过一句"所争者非胜利，乃中华民国四万万众之人格也"。电影并没有突出这个意思。学生说，讲多少道理，发多少宣言，都不如这句话有震撼力，值得记一辈子。

隽语、睿语，有悟性的学生，一下子就能记住；不但记住，而且时时有所启迪。教师适时地展示这样的范例，让学生在这方面有些积累，或许可以形成一种对美好表达的追求意识。在我们的经历和阅读积累中，这样的例子会有许多，把它们作为教育资源，往往比教科书更有作用，因为教师的个人体验更有可能被学生关注并记忆。

我经常把这些优秀的表达介绍给学生，让学生领悟其好处。我不是要他们去模仿，而是要他们回顾自己的生活，找寻和发现那些难忘的表达。

教师要注意引导学生简练、生动地表达，特别是在这个浮躁的时代，在"灌水"成风的情况下。好多学生仍然在苦恼"怎样能把文章拉长""怎样才能凑满800字"……在这里，不但没有简练的表达，也很难看到作文的读者意识。我在批阅学生作文时，总是期待着能发现打动我的话，我会为学生写出那样的语句而激动，遗憾的是，这样的机会越来越少，几成奢求。

阅读形成经验，精神有所追求，生活中常有感动自己的经历，这样的学生，在简练表达方面也有相当的积累。他们知道，凡是感动自己的表达，也有可能感动另一批人。20多年前，时兴送贺卡。有个毕业生把贺卡上印好的美好祝词全划掉，只写上大大的两个字"想你！"我对后来的学生说："当教师多年，收到过那么多贺卡，只记住了这个学生的两个字，这是为什么呢？""开口见喉咙"，用心说，话不在多。所以，要尽可能培养学生朴实的表达习惯。

　　我曾问学生，课外阅读中记得最清楚的语句是哪些，很多学生说的是诗句，因为那些是诗人用心血写下的。很多诗人被后世记住的也就是那几句诗——人的一生中能写出那样几句"聪明话"，便足以成为青史留名的诗人了。记得最清楚的，往往也是最有震撼力的。我对学生说，在表达上要有这样的追求，即让文章中能有几句"非常想让读者记住的句子"。有这样的追求，才会有锤炼语句的动力。很多学生的作文语言之所以寡淡乏味，也常常在于没有这样的读者意识。

仍从"滥用排比句"说起

我曾撰文批评滥用排比句的现象，有老师来信，认为我那样批评有可能会让学生失去学习修辞的热情。我想，这种担忧可能是不必要的。学生如果只会以滥用排比句来对付作文，将无法正常写作，也无法与人交往；一个人如果在生活中，认准排比句是语言精华，那就更可笑了。"两会"期间曾有报道，说贾平凹在政协委员讨论《政府工作报告》的发言中，曾以一句精短概括语惊四座，他说："报告很好，没有排比句。"据报道，"许多委员都对贾平凹的评论表达了认同"。可见这个"排比句"不但在中学语文界被传为笑谈，在公共生活中也开始令人厌烦。

有个校长调动工作，媒体闲得无聊，想炒作一下，访问了他原先工作的某乡镇中学，有老师介绍该校长当年"很能说"，称其"特别善于用排比句""善于背诵格言警句"。记者可能比较年轻，也是排比句爱好者，竟把那位老师的话照实记在报道中。据说很多语文老师看到这里便捧腹大笑。当然，那位老师是诚心敬佩校长善用排比句，绝非故意调侃，但从这里也可以看出，排比句虽招人厌烦，但也并非完全没有市场。老师的教学修养如此，就不奇怪为什么中小学生会滥用排比句了。

语言环境也会影响学生的表达。现今学校的标语、口号经常用排比句，社会上也处处可见排比句，始作俑者大概就是应试教育环境下的语文教师。他们以"排比句"培养出的一代人，很多已成为记者、公务员和教师。原先诗人、散文家的手段，如今成了中小学生作文的法宝。教师传授考试作文真经，也把这个排比句作为"三板斧"。这是一种"易学、上手快"的手段。非语文学科出身的校长做报告用一下排比句，会有学生认为那算是有文采；至于语文教师用排比句，偶尔用几次也就罢了，如果"特别善于用排比句"，只能算是搞笑，因为排比句的使用已趋低龄化。我为某报评选优秀作文，多次看到三四年级小学生使用起排比句来，也是有模有样的。

滥用排比句不过是一个典型现象，它反映的还是文风不正。学生的文风受环境影响，他们到处都能看到排比句，便会以为那是最优秀的表达，岂有不学之理？

我在学生的"成长日记"（学校统一发的一种记录本）中看到学生照抄学校的"育人目标"。这个目标把高中三年的教学任务归纳为："第一年，学走路；第二年，奔跑；第三年，做领跑的人。"令人啼笑皆非：这个"目标"不仅浮躁，也相当滑稽。学生稍稍冷静思考，就能发现其中的荒谬。口号的意思是不是想表现，仅用两年多的时间，学校就可以把一个不会走路的人培养成领袖人物？难道这个人此前不会走路，此后就只负责领跑？如果每个人都做领跑的人，那么谁被他领着去跑呢？——提出这样的"目标"，太浅薄了；用这种违背常识的口号去诠释基础教育，必定贻笑大方。这并非是我苛求。教育无小事，学校的一切细节都是对学生的教育，一些被认为无关宏旨的细节，在学生那里，都可能是潜移默化的因子，有可能长久地影响他的思维，进而影响他的学习生活，也会影响他的语言表达。

这些是"以煽情为美""以滥俗为美"。还有一种"以深奥为美"。不知从何时开始，有些高中生开始追求繁复晦涩，说些谁也不懂的名词，毫无必要地使用长句，以为越绕越显得"很学术"。这些现象，也值得我们关注。

文风教育，以质朴为本。质朴的情感、准确而富有智慧的表达，应当成为写作教学的基本追求。我们不反对形式，只反对形式主义。教师要引导学生追求有创意的表达，注意语言表达的内涵，在立意上下功夫，而不能单纯追求形式。比如，现在很多学生不知从哪里学来一种"题记"，不管三七二十一，总要来个"题记"端居文首。长篇的文学作品二三十万字，写个"题记"或许有必要，中学作文一般只有七八百字，不少学生偏要写下三五行"题记"。这些"题记"往往与文章主题没有必然联系，干瘪无味，不知所云，徒增人厌。我曾问过几个爱写"题记"的学生，回答说是老师教的，理由是"能引起读者的重视"。除了"题记"，还有画蛇添足的"后记"。这些偏向，教师在指导写作时一定要注意纠正。

教师要注意培养学生积极修辞的意识，也要注意过犹不及。有些学生刚刚读过某部热门作品，便模仿其繁复隐晦的表达，以为时尚。当此之时，教师不宜轻易地表示肯定，要更多地启发学生去理解质朴、平易、简约、准确的表达之美。

我经常为学生的语汇贫乏感到不解：读了12年的语文，语词积累也不算少，临到作文，却不会运用，全成屠龙之技。举例而言，高中生能了解近600个成语的意思和正确写法，却很少有人能在作文中恰当地使用一两个成语！这究竟是什么原因？可能是语言意识问题。没有铸炼语言的意识，下笔就很难有文采。初高中的语言教学如果能补补课，有意识地从练习"造句"开始，让一些学生恢复"造句意识"，可能不需要太多时间，便能使其语言能力得到提高。——此说也许会被认为荒谬，然也不失为医治痼疾的不得已之法。

端正文风，也得"从娃娃抓起"；同样重要的，是为端正他们的文风创造正常的语文环境。

在倾听中学习表达

在"听说读写"活动中，"听"往往容易被忽略。其实，生活中人们大部分时间是在"听"，如果忽视"听"，"写"的能力发展也会受到限制。

有一回我问学生，学校为什么点名批评这么多班级？学生说，是因为上次集会时这些班的纪律不好，很多同学交头接耳，还有的在下面看教辅，场面有些乱。但学生也告诉我："那次报告讲的内容教科书上全有，而做报告的专家不了解中学的教学内容，以为我们没有读过，或者以为我们没有读懂，只顾自己一股劲儿地在那里讲，既浪费我们的时间，又浪费他自己的时间。我们认为他到一个地方做报告，应当先了解一下听众的情况。"

这样的事教师也经常遇到。有一次，我问同事："今天报告人在关于'研究性教与学'的报告中说'在教学中，教师是导演，学生是演员'，我不敢相信自己的耳朵，你听到了吗？"同事反问："他是个外行，只要谈到教学便胡说八道。我们都在闭目养神，你干吗要认真听？"问了好几个人，都说不想听报告人的胡言乱语，都在想自己的事，经常听完报告后不知道会议主题是什么。曾有同事嘲笑我每次开会都独自坐在第一排专心地听，还认真地记笔记，可是他们为什么忘了我是个语文教师？——不听，怎么知道对方说错了？不听，怎么能评价报告人的表达水平？听不出错误，又怎么能纠正自己在表达方面的错误？

一个小时的报告，按平均语速，报告人大约要说15000字。对一名中学生来说，在倾听后对报告从内容到表达水平做出评价，并非一件容易事。我甚至认为"听"是最难的，因为不仅要记忆，还得思考并做出判断。学生的脑袋不是大口瓶或仓库，他们未必愿意被灌输。而当我们把"听"作为学习时，情况就不一样了。当然，接受能力有差异，兴致也有所不同：听一场精彩的报告，有人专心致志，也有人昏昏欲睡；听一场乏味的报告，多数人心不在焉，也有感兴趣的人想要分析报告人失败的原因……

"倾听"是一种必需的能力，也是人的基本修养。作为语文教师，我习惯用"听"对表达者做出判断和评价，即使他所表达的是错误的、低俗的、荒谬的和无聊的。如果不听，怎么能下结论？我习惯通过自己的"倾听"对表达者的语文能力、思维水平以及境界做出自己的评价。为什么要求每个说话的人都传达你想听的内容？为什么你只能接受一种声音？我们应当倾听各种不同的观点与表达，哪怕那些话语你根本不喜欢，犹如医生不能要求每位前来就诊的人都是健康的。我不指望报告人必定在奉献深刻的见解的同时也奉献富有激情的表达，虽然我每次都有期待。

当年我曾把这个意思说给学生听，希望他们在集会时能持宽容的态度并学会倾听，把每一次集会都当成语文学习的机会。在我的诚恳劝说下，我的学生一度怀着极大的热情去参加集会，他们甚至会像机关干部一样，带着笔记本做点儿记录，并在事后做出自己的点评。然而不幸的是，他们经常对报告人的讲述不感兴趣，认为那些内容和报纸的头版几乎一模一样，报告人不过是加进了一些"嗯嗯啊啊"的语气，使得一份内容干瘪的报告多了一点儿可以震慑听众的官腔。可是，根本不可能出现报告人结束演讲后全场起立、沉醉在"暴风雨般经久不息的掌声中"的场面。审视报告内容，除了思想观念落后外，修辞水平也很低。这些人常常不在意听众的情感，因为坐在台上做报告本身就是一种权力。而如果我们和学生不得不经常地听这样的报告，我们的语文学习将遭受多大的伤害呀。

可是我仍然觉得学生会有所收获——至少他们知道，不能做一个不受听众欢迎的报告人，而为了永远不做那样令人生厌的报告，他们必须目中有人，对报告内容做谨慎的选择，同时认真学习表达艺术。他们会在这样的积累和比较中学会正确评价他人的表达，同时认真寻找自身的表达缺陷。我总是对学生说，能站在台上自如地表达并能得到听众的认可，并不是一件容易的事。随着听课、听讲座、听报告的经历增多，他们也学会了宽容、理解。比如，我的学生曾说过某个报告人很不容易，因为"他能不回避敏感问题，能委婉而有分寸地表达自己的观点""对青年成长中的问题，既直言不讳，又语重心长"。同样，我也经常听到学生怀念某个报告人的真诚与激情，他们会把一份报告的录音听上好多遍，因为其观点震撼了他们，因为那些出色的表达令他们着迷。这些有魅力的表达有什么共同特点？这些吸引了他们的表达有哪些是值得学习的？当一名学生有了判断和评价的能力，并能把一切社会生活都当作语文学习的机会时，他的语文素养必然高于一般人。

如果我们忽略了"听"的作用，写作教学也就失去了一大块"学"的天地。无论如何，我还是坚持劝说学生在生活中注意倾听一切人的语言，了解他们言说的风格，了解表达者的思维特点。

在这样的"听"中，一名写作者会受到许多启发。有学生曾在随笔中批评先进人物的报告"几乎是一个套路"，这说明他听出了某种模式，他对这个模式不以为然。那么如果由他来准备一个报告，就有可能摆脱这种模式，在表达上有所创新。又如，有学生批评报告内容"空洞无物，都是报纸上的宣传"，说明他对假大空的文风有了认识，他的写作就会自觉地避免。

我曾在一节课上请学生说说喜欢听什么样的报告，学生说出的有："报告内容要吸引人""能让人感奋""时间不要太长""轻松自然，语言幽默""有活力，不要太一本正经的""语速不能太快或太慢，节奏恰当""不知不觉，一小时就过去了"……当我们把这些要求一一罗列出来的时候，学生看到的正是语文教学对"写"与"说"的基本要求，而这些要求却是他们自己"听"出来的！他们对别人的"说"有这样具体的要求，难道他们对自己的表达可以例外吗？

尊重他人，得体地表达

"我手写我口，我口说我心。"传统的写作教学，常用这种简单直白的经验指导学生，要求写作要有真情真心，不能作假。这种经验指导是有用的，不过，如果一个人的修辞水平低，语言习惯不好，本身就不是个"会想、能说"的人，那他所表达的就未必是好的语文，也很难拥有读者或听众。

当年曾有个学生语言习惯比较差，平时说话必带脏字（这在一所名校是很出格也很难堪的），同学讥之为"言必有发语词"。我注意到，这个学生平时朗读课文也不连贯，很可能因为不准带脏字了，他就发不出声来。他自己也很苦恼。这件事令我深思。学生平时的语言习惯，不但可能影响他们的写作表达，甚至有可能妨碍他们的思维。怎样想，怎样说，就有可能怎样写。学生作文"不像话"，往往是因为他们在平时的表达中，就有许多"不像话"的话。所以，如果学生说话不得体，语文教师一定要及时指出并纠正，尽量不要让学生把不好的语言习惯带进下一个学习阶段，形成与人沟通的困难。

特别要注意的是，表达时要有庄重感，不能过于随意。如果平时说话不懂得尊重听众，写作时就有可能不尊重读者。不好的语言习惯有时甚至会败坏名誉。有一年，省里有个"杯赛"，主办单位让我给论文获奖的教师做个报告。下午做报告前，会议负责人关照："王老师，请无论如何要把老师们的劲儿鼓起来……"我奇怪，我的任务不是做宣传鼓动，况且我每次做报告，老师们的精神、情绪都很正常，从不消极萎靡，何来此说？这位负责人说："上午有位专家做报告，一上来就说错了话，老师们不高兴，会场状态不太好，专家也很郁闷。"我就更奇怪了，这500多位老师都是论文获奖者，怎么会因为报告人一句错话就错失学习的机会呢？原来，专家开场说了这样的一段话："……现在师范学校的生源很差，差到什么程度呢？老师们，比你们还要差！……"

我在下午的报告中没有提及上午的意外，只谈自己对写作的认识。其实我在报告中也对教师群体的专业素养表示了担忧，可是没有哪位老师表示不满。我为上午那位报告人可惜。他的观点也许是有价值的，然而他的表达实在糟糕，他的讲述不但没有说服力，而且出口伤人；可悲的是，没有任何人能当面指出他的错误，让他及时道歉，以修补与听众的关系；更可悲的是，那位报告人一直不知道自己说错了些什么。请想想他是多么的不幸：两小时的报告，他没能让听众记住那绝大部分正确的报告内容，而是记住了他那句失礼的话。我甚至想到，可能在其他场合，他也曾这样目中无人并伤害了听众，而且永远不明白为什么听众总是对他敬而远之。

上面这个例子并不极端，报告人的错误是无意的，而日常生活中最常见的很多表达错误也正是出于无意。我曾把这个例子说给学生听，同时问学生："你们在生活中，有没有受过类似的伤害？"几乎每个学生都能举出一些。其中对学生伤害最严重的话几乎都是教师说的（虽然多出于无意），其次是同学无意间说的，再次是家长在有意或无意间说的，只不过孩子与家长的关系较亲密，不会太计较而已。但这种无意间伤害了他人的话语如果得不到及时纠正，传给学生并成为一种语言习惯后，将会伴随学生走上社会，形成沟通障碍。一名学生因此得不到社会的尊重，可能就难有作为。我对每一届学生都强调语言教养的重要，也是因为看到不少青年因语言粗鄙而陷入困境。

有些失败则不完全源于说话者的语言疏忽，而源于缺乏尊重他人的基本教养。语言表达水平也能反映教师品格。有所中学在讨论"绩效工资"时，一位教师代表批评某中层干部"不作为"，校长情绪激动地指责提意见的教师："你这话是什么意思？打狗还要看主人的面子呢！"此言一出，舆论大哗。中学校长语言修养如此恶劣，严重损害了学校声誉。又因为该校长是语文教师出身，他的话也伤害了学科尊严。如果他的话传到学生那里，对我们的语文教学，对学生的学习表达会产生什么样的影响呢？

写文章需要有"读者意识"，做报告也该有"听众意识"。经常听到有报告人批评听众修养差，责备听众不认真听，不记笔记，甚至因个别听众退场而大发雷霆的事。有教授给教师做报告，每到一处，专门表扬那些记笔记的，只要看到离开座位上洗手间的老师，就停下来批评，出言不逊，让老师们很反感。有些人以为只要坐在主席台上，就有了批评听众的权力，可是他们却从不反思自己的表达是否得体，从不反思自己有没有听众意识！听众花时间听他们讲话，而他们根本不考虑听众的感受，也不考虑听众的接受水平，是他们有负听众；如果他们任意伤害听众而不自知，即使报告主体内容是正确的，也不会有多少人心甘情愿地接受。"言之无文，行而不远"说的是水平问题，而语言教养常常也显示一个人的品格。语文课程标准中所谓"增强人际交往能力，在口语交际中树立自信，尊重他人，说话文明，仪态大方，善于倾听"（2003年版），是对学生的要求，更是对教师的要求。教师讲课要学会从学生的反应中来反思自己的表达，也要引导学生从各种报告的不同表达效果中反思个人的语言表达习惯。

得体的表达，需要有对照比较。在生活中学语文，有利于学生养成良好的表达习惯。这些年我让学生留意社会语言交际中的"经典错误"，目的不只是"捉错"，而是让学生以此提醒自己不犯同样的错误。

从新闻中经常能发现貌似正确的粗俗语言。

教师节电视新闻，记者热情地问一位教师："你是不是准备把你短暂的一生都献给教育事业？"

汶川地震救援现场，幸存者被埋压几天刚被挖出，记者就把话筒递向担架上的伤员，问："你被挖出来高兴不高兴？"

在学校，也能经常听到这类对人缺乏尊重的、不得体的语言。

班主任当着学生的面对家长说："你的女儿虽然不太聪明，但还算用功。"

校长在晨会上演讲，说："虽然炸油条也算一种职业，但我们的教育不是要培养炸油条的人……"

…………

当教师在教学中把这类语言集中地展示给学生看时，学生能敏感地发现错误；而如果他们在生活中也能这样敏感地从人们习以为常的话语中听出"不像话"，那他们就有可能学会在表达中尊重别人，他们的表达水平也定会有所进步。

作文评语要少而精

通常两周一次的大作文，教师批改后讲评，由于周期长，很多学生拿到发下的作文后，已经没有多少印象了（须知学生一周中要同时学十多门课，除体育、音乐之外，几乎每科都有作业）。当然，迅速处理作业是教学常规，在此可以不论，但涉及作文教学的观念，又不能不说。普通高中每学期大作文不得少于六篇，这个要求不算高，但据了解，一些学校竟然达不到这个要求。教师批改作文的速度普遍较慢，其原因往往在于评语难写。而评语缺乏针对性，也是影响作文教学效率的原因。

其实，对于学生的作文，教师没有必要每篇都精批细改。如何批改，要根据教学需要和学生的作文状态来定，重在针对性。简而言之，作文评语必须"有效"。学生作文符合要求，或有自己的创造，或在某一方面有突出表现，或在某一方面有缺陷，批上一两句话以示鼓励或提醒，就行了。多年前曾看到一位老师批改的学生作文，满纸红字，面目全非，评语写了三四百字。这位老师还叹息学生不动脑筋，百教不会。究其原因，是老师没能正确认识学生学写作的过程。改得过多，是替代过多；替代过多，学生也就学不到什么。至少，这位老师没教会学生修改文章的方法。教师改得过多，学生反而丧失了写作自信：看到发回来的作文满纸红字与符号，他会认为自己的写作没有什么价值。我不主张每篇作文都搞精批细改，不完全因为教师的精力、体力有限，而是那样做不符合教学规律，效果也不好。

当然，适当做几次精批细改很有必要。一些教师用"面批"的方法，很有效。"面批"是"手工方式"，有针对性，是有效的"教"。在面对面的交流中，师生可以互动、沟通；在这种互动中，学生可以看到教师作为读者的阅读过程，直接感受教师的修改示范。经过几次这样的精批细改，学生能正确地了解自己作文的长处以及不足。和这类精批细改相配合的，应当是那种用有针对性的一两句评语对学生作文所做的"点拨"。

作文评语究竟应该起什么样的作用？评语不是为学生的写作学习所做的总结，也不是鉴赏文章，教师面对的，不过是学生的一次作业。学生在中学阶段要写几十次作文（甚至可能是上百次），有什么必要在这一篇里对他的写作求全责备呢？报刊上的作文评语不是给作者看的，而是给所有读者看的。如果评语过于郑重其事，标杆高了，可望而不可即，学生反而不重视。同样，把有些学生的"佳作"捧得过高，也会误导学生对写作的认识。看一些省区的"高考佳作评析"，很多点评者仿佛是在赏析"八大家"的文章一般，把中学生的一篇考场作文吹得天花乱坠，捧到无以复加，既浅薄无知，又有些无聊。其实，那往往已不是作文评语，而是教师的自娱自乐，甚至是炫耀卖弄了。

作文评语还是应当质朴一些，最好能让学生"一点即通"，明白教师的意见或建议。有位高三学生，议论文一直写不好（甚至达不到规定的字数）。有次批作文，我发现他的"架子"搭得非常好，起承转合，有模有样。那一次评语我特别表扬了他的作文"功架好"，同时指出"可惜只有架子好"。课堂讲评时，我又对其大加表扬。过后，这位同学不但开始注意文章的"架子"，也开始注意内容和语言了。

评语不宜太长、太杂，应尽可能简练、明确：说明主要优点、明显的不足、主要的建议即可，不要面面俱到，最好只就一个方面写一两句话。一句真诚的赞语、一句中肯的评价、一点能让他顿悟的建议，都可能让他铭记；而如果想让他记住一段一二百字的评语，除非写到惊心动魄的地步。1999年，我校一些老师在作文批改中尝试用"一句话评语"，即不管学生如何作文，老师的评语只能写一句话（只能用一个句号）。这种做法也许有点儿矫枉过正，但它的确让一些老师开始反思作文评语的质量与效能。有老师曾感慨一句话评语难写：写什么，怎么写，要斟酌再三，要推敲词语，而随意多写几句反而很快。东汉末许劭等人的"月旦评"，所论不过一两句话，却极为中肯；唐宋以后的诗话、词话，虽短小却无不精妙得当。我们何以能记得住并津津乐道？得其短，得其精，得其用而已。教师通过"一句话评语"让学生记住本次作文的成功之处或主要问题，应当是一种好方法。

当然，"一句话评语"需要一个宽松的教育管理环境。我曾在一次讲座中介绍"一句话评语"的做法，有老师说"校长认为评语写得长才表明作业批改认真"，我听了只好不说什么了，因为没什么好说的。

指导课与讲评同样重要

过去我的作文教学没有考虑安排专门的"指导课"，写作常识一般只在阅读教学中随机带入。我在讲读课文时，习惯性地结合写作，把文章的写作特点说一下，以期能加深印象，积累经验，这也算是一种"读写结合"。有些机灵的学生从这里习得了方法，在写作中常常能运用一二。后来我发现，相当多的学生面对布置的作文题，往往还是无从下手，他们用于"启动"的时间过长，经常无法在指定的时间内写完；即使勉强完成，也没有明显的提高。他们从初一到初三，从高一到高三，作文的思路、形式及语言表达方面的进步不大，有的甚至停在一个层面上，千篇一律。这些，和学生的思路狭窄、不善于借鉴、固守某种结构模式等有关。学生虽然年纪小，但长期不思考，思维也会固化、僵化。

三年前，我们想结合选修阶段《写作》教科书的使用编一本教师教学用书，但体例设计很困难：在学生的写作过程中，教师是不宜干预的，否则会干扰学生。怎么可能让学生一边写，一边听教师指导呢？曾在杂志上看过一篇经验介绍，作者自述，学生写作时，他会"巡视"——拿过学生的稿纸看，看到这位学生审题有偏向，就提醒全班同学"要把题意看清楚"；看到那位同学不分段，又大声提醒全班"要注意段落结构"；然后又发现几个同学举了一样的事例，于是再次提醒同学们注意"举例不要雷同"……我对杂志发表这样的文章很诧异：作者根本不该干扰学生的写作，那样"打横炮"式的"指导"是没有道理的。当然，眼看学生的作文又要留下好多毛病，教师不能不做"指导"，但如果一个一个地现场指导又难免顾此失彼，更糟糕的是学生也无法专注地写下去。教师应当早一些想到可能出现的问题，事先指导，而不能像那样在课堂上处处关照，最终很有可能导致学生循着一个思路，用同一种方法去写。所以，"在过程中指导"是一条走不通的路。这也是写作教学的特殊性之一。

传统的指导方法，是写作后做讲评。讲评是对上一次作文的评价，也可以看作是对下一次作文的指导。早些年，我只是在作文批改后，进行全班讲评。我的作文讲评大多有个主题，比如，上一次讲"审题目，明要求"，这一次就主要围绕选材立意讲，下一次则集中谈表达……讲评的内容要相对集中，当然，重要的方法技巧也可以反复讲，经常强调。时间长了，学生也能习得一些方法。这样的讲评，是在学生作文完成之后进行的，学生从评语及得分上可以知道教师对自己的作文是否予以肯定，也能从教师的讲评中了解其他同学作文的长处。但这样的讲评往往针对的是具体的习作，有时甚至是少数学生的作文倾向；对于教师介绍的优秀作文，有些学生也只是羡慕，在作文方面仍没有多少自信。更重要的是，这一次作文已经完成了，下一次作文可能要等到两三个星期之后，而到了那时，本节课讲评所说的要领他早已淡忘了。

单一的作文后讲评，也存在一些不足：中等层次的学生，他的作文存在的诸多问题可能不是通过几次作文就能暴露出来的，对自己作文的缺憾，他可能不一定有正确的认识，教师在作文批改中有可能忽略了他存在的不足，针对全班学生作文的讲评未必对每个学生都有用；而这名学生在某些方面需要"点拨"和"开导"，他还需要获得一些启发。另有一种情况也需要注意：即使到了高中，部分学生在观察思考、选取材料和谋篇布局诸方面仍然没能形成经验，仍然需要教师的指导。

我每学期都会用一两节课和学生"谈作文"。我的思路是这样的：必须有相对集中的时间向学生介绍作文的一般常识与技巧，强化他们的认识，仅仅依托几次作文训练，很难形成作文技法的"意识"。

我在和学生"谈作文"之前，会告诉他们："今天我们不写作文，我们聊一节课。"我注意到，所有的学生都很愉快，因为他们渴望在这样的谈话中获得有用的写作知识。更重要的是，他们相信这样的谈话有可能开启自己的智慧。

在这样的谈话中，我可能会用比较多的时间引导学生开拓写作视野，让他们放胆思考。比如，针对如何提高发议论的能力，我会先请他们提出自己感兴趣的问题，然后共同讨论。我会引导学生就已经提出的问题，合理展开，生发联想，引出更多值得关注的问题，以培养他们的"问题意识"。我会向他们征询对最感兴趣的体育竞赛问题的看法，从北京奥运会的成就一直谈到中学生体育锻炼时间有无保障；我会和他们从商业广告的功能谈起，一直谈到广告太多、太滥，误导消费者……借此启发他们关注有价值的话题，培养他们评论世事的愿望。

有时，我的指导表现出期待。比如讲到作文材料的选择时，我会在写作之前"打招呼"：你们下一次作文能不能尝试用些以前没有用过的材料？能不能有新的分析角度，让读者获得新的启示，产生新的感觉？

在这样的指导中，要注重的是启发，而不是"告诉"。在讲到行文如何避免平铺直叙时，我会问他们：那些扣人心弦的电影在结构上一般有什么特征？那些平庸的电视连续剧是在什么地方使用"且听下回分解"以吸引观众的？……

这样的"谈作文"有好多年了，我在高三复习时也多次这样做，学生仍然认为很有必要。这样的指导，好处是寓作文教学于轻松谈话之中。我注意到，每次谈话都有学生认真地做记录，这使我认识到这种教学形式的价值。毕竟我们在一起交流了思想，彼此都获得了启发。我虽然用去了一节课的时间，"光说不练"，可是学生已经跃跃欲试，我觉得这比什么都好。

作文命题要有创新意识

传统的命题作文难以照顾学生的写作个性，忽略了学生自主学习的需要，又往往违背写作规律，因此，我主张先让学生自由地写，让他写自己最愿意写的内容。但是不可否认的是，这需要一个过程，需要一座桥梁，学生进入自由状态的写作之初，需要一些启发。教师用命题及命题过程的介绍，一样可以帮助学生打开思路。我认为，如果教师缺乏命题艺术，他的作文教学能力有限，他的"自由作文"教学就只能"望天收"，他的学生也会在自由的天地里一事无成，即使很有些想说的话，也只好一次次地写《无题》。

1999年，我给高一出过一个新题——"今天，我要自由地写！"题目写在黑板上，学生很兴奋，可是过了五分钟，教室里又没有声音了。在作文中，大约有十几个学生写的是这样一个意思：你让我自由地写，我反而不知道该写什么了。

道理也简单：久在樊笼里，翅膀僵硬，已经飞不高了。精神的束缚，会让人不明白什么是自由，不会享受自由，进而不珍惜自由。不知为什么，我看这些学生的作文时，忽然想到托尔斯泰的《安娜·卡列尼娜》中，列文把土地分给农民而农民不愿意要的情节。

如果教师讲究命题艺术，他就能把这种艺术教给学生，学生的想象力和创造力也一定会超过他。这是更有价值的教学。

陈旧的命题是才智低下的表现

教师都有这样的体会，看到一个好的作文题，尤其是那种充满智慧的题目，都会赞不绝口，因为一道好题体现了人的智慧，体现着非同一般的想象力和创造力。学生见到这样的好题，他的思维会进入怎样的状态呢？出色的命题往往能打开思维的闸门，使人迸发汹涌的文思。这些充满震撼力的、有着无尽诗意的作文题灿如星斗，或启人遐想，让他眼睛一亮，或引发心灵震颤，使人产生写作的渴望。

学生怕作文或是抨击现行的作文教学，固然有惰性使然，但更可能与他对陈旧的教学模式和作文题目的反感有关。多年来，很多教师习惯使用老一套的作文题，那些题目，可能已经让三四代人讨厌过了，现在还顽固地不肯退出，岂能不让人生厌！虽然有人说，"对学生而言，题目永远是新的"，然而他已忘记现今何世了。有位同行说，退休了，可看到教师给学生出的作文题目还是50年前他当学生时做过的，休说形式，连语言也没有什么变化。

陈旧的作文命题思路主要在于思想僵化，自我束缚。至今，仍有一些命题纯粹是为迎合政治需要，而根本不考虑学生的生活实际和写作情绪，更没有考虑他们的精神需要。类似"记一次班会""参观记""国旗下的演讲"之类的命题，学生究竟能写出什么新意来？为什么会有那么多的限制？为什么动辄便要谈"意义"？……其实学生的日常生活极为平凡，与那个"意义"关系不大甚至不相干。另有些题目，教师自以为"适时"，可能也是一厢情愿，比如，一到"十一"就让学生写爱国，临近"五四"则写青春，到了年底就写新春寄语，开学则写"新学期，新打算"……这种例行公事的命题方式如同过生日吃面条，丝毫也不能激发学生的写作热情。我想知道：教师命题时有没有动脑筋？有没有考虑学生的认知能力？有没有想到学生的精神状态和情绪？

陈旧的作文题是才智低下的表现。我们缺少能让学生眼睛一亮的作文题。

开拓命题的新思路

出一个好题，能刺激学生的写作欲望，有利于调动他们的生活积累，有助于他们对生活的发现，有助于他们对生活的重新思考，也有利于开拓他们的想象力……

人的思维往往有惯性，总会受到习惯思维的影响、传统认识的影响、社会潮流的影响。这种局限性不可能不影响教师。特别是当我们把作文教学的作用夸大到不恰当的地步时，一道作文题也可能被当作教师人生观、价值观、世界观的表现。（谢天谢地，经过30多年改革开放，现在不至于有人公开地琢磨命题的"政治动机"了。）缺少独立意识，人的地位会很卑微，他会习惯于听从习惯，他不会激动。十七八岁的学生写得一手老气横秋的文章，说一口"官话"，中国人竟认为是"成熟"，一点儿也不感到恐怖。因为我们的生活中缺少"感奋"，才会有那么多人把原本正常的思维认作"石破天惊""振聋发聩"……

有次作文课给学生讲"怀疑与批判"，介绍这样一个故事。有个五岁的孩子问父亲："上帝的模样和我们一样，他也有嘴巴，他会吃饭吗？"父亲觉得应当回答"是的"，可是孩子的第二个问题是："既然吃饭，他一定也吃到肚子里去了，也就是说他也有肠子，对吗？"父亲想了一想，觉得应当承认上帝有肠子，就说："有的。"孩子又问："既然有肠子，那就不可能没有屁眼儿，对吗？"父亲只好承认"上帝有屁眼儿"。孩子说："我懂了，上帝和我们一样，也会拉屎放屁。"——童言无忌，这个小孩子就这样简单地推论出"上帝和我们一样"，可少有成人敢这样想、会这样想！而今每当我看到鹦鹉学舌式的作文，就痛感陈旧的作文教学模式才是软刀子杀人，是一种扼杀个性的毁灭。

作文教学要培养学生独立思考的意识，这是个大题目，在这里无法多说。我这里只想强调一点：要求学生有个性，就得创造或建设保护个性的环境，就得培养他们的自我意识、独立思考的意识。我们的命题，应当有这方面的引导。我出过这样一道题：

语文课上，老师教荀子的《劝学》，读到"木直中绳，𫐓以为轮，其曲中规。虽有槁暴，不复挺者，𫐓使之然也"时，问学生："你们认为荀子的话有道理吗？"学生说："他在谈学习的重要性，当然有道理。"老师叹息道："这是说读书学习的作用，倒也罢了，如果在人的培养上也这么做的话，那就太可怕了！"

这位老师为什么叹息，请你代他说出来。不少于300字。

用一个出其不意的题目激发学生做深层的思考，在我们习以为常的教学中去找寻，在貌似天经地义的经典文化中保持冷静，甚至是在祈祷的时候也有"我思"的意识，作文才会成为作文。

作文教学承载"学会做人"的教育，命题不可能没有思想导向，即使是自由作文，憎恶什么，赞美什么，仍然应当有所体现。作文命题体现教师的教育意识，而适时地表现教师的意志，在学生的成长道路上建立精神标志，仍然是需要的。例如，现在很多中学生写作观念比较开放，这自然是好事，然而近年学校文化中流行调侃，愈演愈烈，一些学生已经不愿庄重，也不会庄重了。当此之际，教师应当有自己的表示。1986年，年级布置作文题"高三生活的一天"，班上有个学生很活泼，他全文模仿《包身工》，写了高三学生从早到晚的困窘："每天两饭一粥，14小时的学习……考试，测验；考试，测验；除了考试、测验，还是考试、测验……""在每一张大学录取通知书的背后，都埋着一个冤魂……"同学看了都大笑，我也认为他有一种写作的机智，但是几篇调侃的作文所宣泄的情绪也让我不安。第二周我的作文题是"幸福的高三"。学生说："老师，'幸福'上漏打引号了。"我认真地说："上面没有引号。"——对于那次作文，有学生在几年后仍记忆犹新。他们说，看到题目心头一震，觉得自己的生活的确忽略了什么，构思的时候，终于想明白：奋斗是一种幸福，青年一代应当从奋斗中去求幸福。后来这个题目成为我校的保留题目，每年到高三，即使不让学生做这个题目，也要将其介绍给他们。

命题要"敢想"

观念保守是因为"不敢想"，不敢想，最终也就不会想、想不出。我有些不解，一些教师经历丰富，也很勤奋，但是谈到作文命题，一点儿创新意识也没有，不知道他们的学生是不是也如此缺乏想象力，更无法知道那些有想象力的学生落在他们手里会如何生存。近年，我在讲座上谈作文教学时，总有教师递纸条或是插话，要我多说些作文题。因为在他们看来，告诉他们几个"好题"，他们的作文课就好上，他的学生就能写出好文章来。虽然这种想法不一定有道理，但教师重视作文命题的作用这种意识是正确的。

要"敢想"。教师敢想，学生才敢想、敢做。好文章都是敢想者的创造，不能低估学生的想象力和接受能力。作文题要有诗意，要能激发出真情，给人以美的启迪。好的题目是一种创造，教师创造出好题，学生就会"爬"得更高，因为他踩在你的肩上。

命题的陈旧与教师思维的单一是有关的——说得客气，是思维单一；说得不客气，就是懒惰。比如，你为什么非要抱住那个"暑假记事"？为什么不能改为"2012，我的夏天"？为什么非要还抱着那个"我的新同桌"，为什么不能改为"同坐在一条板凳上"？也许有人会说，这样改不过是换汤不换药，朝三暮四而已，但是你不妨去试一试，看一看学生认同哪个题目。虽然这些题目的内涵可能是一样的，但是学生的感觉不太一样。"暑假记事"和"我的新同桌"这样的题目，他们可能不止一次地做过、看过，一见到这个题目，就厌倦了。

再如，"给老师的一封信"是个陈题，展示出来，学生可能会觉得了无新意，也很难得到有价值的启示，特别是十五六岁的少年，会感到无从下笔。如果动动脑筋，给点儿情境，效果一定会好一些：

你的老师就要退休了。他的性格也许很有趣，不过，也许你还没看出他的特点。他总想对你们说些什么，可是仿佛是怕你们不理解；你们也想了解他，可是年龄差距又比较大，不知从何说起。现在，他就要告别学校了，对你而言，这是最好的对话机会，写一封信给他，和他沟通。

一点儿诱导，一点儿启发，甚至不过是提供一个"话头"，都有可能调动学生的积累，让他们打开感情的闸门。

教师疏于动脑筋去设计新题，照搬现成的题目，效果不一定好。早些年流行过这样一则作文材料：

有人曾问三个砌砖工人："你们在做什么？"第一个回答："砌砖。"第二个回答："挣钱。"第三个回答："建造世界上最有特点的房子。"——后来第三个工人成了有名的建筑师。

这则材料指向单一，实际上有个"套子"，不需积极思维，只要承认材料的"事实"，论证的方法甚至论据，都可以不费力气照搬、照套。这种题目，不利于开发学生的思维，更不利于培养学生的思辨能力，学生只能写出一模一样的作文。我对题目做了一点儿改动。

作文课上，老师给大家看一道材料作文题：

有人曾问三个砌砖工人："你们在做什么？"第一个回答："砌砖。"第二个回答："挣钱。"第三个回答："建造世界上最有特点的房子。"——后来第三个工人成了有名的建筑师。

同学们看了以后说"很有深意，应该如此"，老师却笑笑说："我看不见得。"

这个"我看不见得"把结果复杂化了，把空间稍微拓宽了一些。究竟怎样"不见得"，学生可以有很多想象。世上任何事物都是在发展变化的，前两个工人的回答未必代表"胸无大志"，也许可以理解为务实，他们还有机会提出新的奋斗目标；而第三位工人也有可能因志大才疏、理想与现实较远或是机遇不佳而没法实现自己的愿望，甚至有可能是个惯于说空话、大话的人物（这一点倒很像一些学生的豪言壮语、高谈阔论）。——然而这只是用"添加"的办法改造，毕竟还不是最佳的设计，只是多了一个暗示，出现了一个新的视角，学生可以比以前"多朝前跨一步"，也有可能举一反三。

十多年前，我设计过一道题——"一棵树"。有教师奇怪地问："这叫作文题？"是的，我不明白，为什么这不能成为作文题。难道作文题得有标准、有模式吗？学生的写作实践是检验命题的标准。关于这个"一棵树"，有学生说，是他"最想反复写的题目"。这个题目，不但不限文体，不限题材，也不限长短。在一学年内，用过这个题目的班级大约有十个，有十几篇不同的《一棵树》在各种报刊上发表。学生写出的故事富有哲理，抒发的情感真挚，表现形式活泼自由。而学生就此演绎、自行命题并写作的《一块砖》《一张纸》也出现了一批优秀作文。

我所说的教师在命题上要"敢想"，最终目的还在于让学生在自由作文中找寻写作的材料，自主命题。

2001年，我们曾在高二年级开展过一次"征题"——如果让你自由写作，你最想写的三个题目是什么？请分别写出100字的说明。结果全年级学生拟出的五花八门的1000多个题目使教师大开眼界，备课组将选出的近200个"有意思"的作文题印发给学生参考，学生大受启发。在征题的基础上，一批学生无所顾忌地写出了他们最想写的文章。我们看到，那些自由作文从内容到形式都充满新意，脱离了旧有的模式，开拓了新的写作内容。作文变得有意义，也变得有趣，这正是我们所追求的，这些题目也让我们了解了学生的内心世界。

看到下面这些学生的作文，你也许会觉得怪异，可如果你把它们用到课堂上去，相信你的学生一定会有所触动，这毕竟是他们的世界。

《草样年华》

《小子乃"九门"提督也》

《与苏轼相遇在秋天》

《没有麦田的守望者》

《青蛙，想想你当蝌蚪的时候》

《离经叛道的记录》

《我的第25小时》

《渴望诗意的生活》

《没有意义的一天》

《我播下的种子会成为明天的阳光》

…………

教师自身要有写作的经验

教师应当是优秀的表达者。

这个观点，可能未必会有多少老师认同，然而，学生会永远记住一名教师的语言表达。多年前，曾有学生家长找我沟通，说有位任课老师说话没有礼貌，伤害了他的女儿。那名女生进入高一后学习遇到困难，有两门课学得比较吃力，几次测验成绩仅仅在及格线上。那位老师当着班上同学的面对她说："我看你是没什么指望了。"女孩回家大哭，家长对老师这样说话很不理解，认为这不是教师应有的职业修养，并提出调班甚至考虑转学，因为"孩子的高中时代很重要，不能让孩子生活在这种教师的阴影下"。

在与往届毕业生聚会时，我发现他们对教师的记忆，往往是其教学语言特征，而未必是学科知识教学。这就是说，我们的语言表达会影响学生的思维和心灵，而且影响力会持续很久。因为学科因素，语文教师的表达更容易被学生关注——无论是口头表达还是书面表达。那些富有智慧和激情的表达，是语文教师职业素养留给学生永久的记忆，这就是教育，正属于那种离开学校后"剩下的东西"。

同样，语文教师也应当有不同一般的书面表达能力。

1985年，我曾就当时本校的教学情况做了个统计：教师如果教两个班的语文，他每学年要批改的学生作文和随笔加起来在4500篇以上。如果一名教师每年要批改这么多作文，自己却不写作，甚至说"我不会写"，是说不过去的。

客观地说，有些语文教师并不善于表达，不仅在日常生活中，即使在课堂上，他们的语言表达也无法吸引学生倾听。这中间少数人属于性格因素，而相当一部分人则是因为表达能力差。要按专业要求，成为优秀的表达者，对他们来说，可能仍然需要长期的努力。表达能力差，有可能是在表达方面缺乏应有的追求，也有可能是欠缺阅读积累，读书不多，还没有找到适合自己的表达方式。这样的教师能"控制"课堂，往往不是靠出色的才智和有魅力的表达，而是靠掌握考试测验的威权。我在教学中，也遇到过一种学生，他们在初入学时就对教师的表达评头论足，百般挑剔。我对这样的学生做过了解，一般是因为他们在小学或初中遇到过优秀的教师，这些教师的表达能力让他们对语文课堂充满期待。如果他们进入高中后遇到的老师表达水平不佳，缺乏语言智慧，他们就会想到未来两三年的语文课将会很乏味，甚至会如受煎熬，从而表现出某种不满和焦虑。

另有一些教师虽然有不错的语言表达，但是在指导写作方面可能缺少办法，因为他们所理解的"表达"仅仅是口头表达。在课堂上，他们口若悬河、滔滔不绝，可是一说到书面表达就为难了，在批改学生作文时，他们甚至写不出一段像样的批语。通常情况下，人们认为"能说就能写"，这种说法不一定对。且不说旧时代那些靠口耳相传的说唱艺人，就是当下的一些艺术表演者，也有识字不多的。对付一般观众还凑合，可让他当人民代表或是政协委员，面对记者的提问难免"说"也"说不清"，有的甚至很难说出连贯的句子；而如果让他写文章，那更是让他受罪，他必然思维混乱，不知所云。也常见到这样一些教师，上了一堂不错的课，有点儿新意，也能与学生沟通，可是课后请他写一个几百字的小结，一个星期也"磨"不好，勉强凑合交来，则难以卒读。

情况有这么严重吗？——我也曾不敢相信，但事实常常让我们难堪。如果语文教师的"不会写"，意思仅仅是"写不好"，那还不算严重；有相当一些教师说"不会写"不是客气，是的确没有写作能力。有一年职称评定，对申报高级教师职称者的一项考核，是给学生的一篇作文写评语。那是一篇获了省作文大赛一等奖第一名的作文。好文章本当不难评，偏偏有位老教师还没动手就声明："只给30分钟时间不够。"我就奇怪了，如果让他改一个班的作文要花多少时间呢？35分钟后强行收了他的考卷。——见解就不谈了，200多个字，读不通，还有三个别字。也就是说，这个申报人缺乏基本的文字表达能力。这个例子虽然有些极端，却真实地存在于我们的教育界。如果学校仅仅同意这样的教师（后来有人怀疑他不是一线教师）来混个职称以提高收入，也就罢了；如果真的如申报材料中所述，"多年来一直坚守课堂"，那他这些年误掉了多少学生，又给教师队伍带来了多大的耻辱！

所以，不能再为语文教师的"不会写作"找理由了。很多教师对职称评审需要提交论文很反感，认为这给一些无心教学，不认真备课、上课的人投机取巧的机会。的确，有部分教师不认真对待教学工作（课上得也不好），却热衷于在刊物上发论文，靠笔下生花、走旁门左道获取利益、骗取荣誉。评审制度有问题需要改进，但作为国家授予认定的高级、中级专业技术职称人员，需要有一定的研究问题的能力，以及用文字表达研究成果的基本能力与经验，这是顺理成章的。退一步说，语文教师具备起码的高于学生的写作能力，难道是一件很难的事吗？有老师申辩说，教育发达国家的中小学教师并没有撰写论文的要求，中国却有，不合理。——中小学教师除了教学工作，是不是必须从事学科教学研究，这个问题可以商讨，但目前发达国家和地区的中小学教师并没有专业职称，这一点也应当考虑（这些国家和地区的中小学教师专业技术水平普遍高于我们，可能也是事实）。既然"高级教师"相当于"副教授"，要求提交专业论文或研究成果，也不应当算是很过分的要求。

多年来，我们不敢正视而又不得不承认这样的现实：大部分教师（包括语文教师）没有写作能力。十多年前，有位语文教师出身的督学在省级研讨会上发言，公开批评"90%的语文教师不会写"。会后交流时我质疑他提出的百分比，他愤然地说："其实我想说95%的语文教师不会写，没好意思，留点儿面子。"经过这些年的努力，情况也许有所改观，但大批教师视写作为难事，给写作教学提出难题，也给语文教师带来难堪。一位语文教师一二十年写不出一篇像样的文章，还能说是因为"工作忙"吗？一些教师评上"特级教师"后就再也没发表过文章，这正常吗？（当然，还有评上特级教师后就不上课的。）

语文教师应把写作当作必备的专业素养。在一次座谈会上，我说到教师可以选择适合自己的写作方式时，原本听得很认真的几位高中教师忽然情绪激烈、异口同声地说"我们不会写"。我问："你们为什么不说'我不会写'，而要说'我们不会写'？""那你们批改学生的作文时为什么那么苛刻，给个80分就像开'恩科'一样？"——当然，承认"不会写"比装作"很会写并能教你写"要诚实，但我们毕竟是专业工作者啊！学校里有些非语文学科的教师倒是很能写，我也看过他们的文章，很好，这充分证明：写作是一种基本能力。作为语文教师，我们不但需要具备这样的能力，还必须具备教授、指导学生写作的能力。

有老师说，学校里的语文教师连写个几百字的"年度教学工作小结"都感到头痛，还要借别人的"参考"，或是从网上下载。我听了很难想象：这种事情被他的学生知道后，他这个语文老师还能否受到学生的尊重，固然是他个人的事，但他教的那两个班学生的写作状况会是什么样，可能就不再仅仅是其个人的荣辱问题了。

于是会有这种现象：教师或者苦劝，或者施高压，要学生重视写作，而学生却不买账。学生会认为这个语文老师的表达不如"数理化政史地体音美"的老师，语文学科的地位在他心目中就下降了。语文老师批了他三年的作文，却没有留下一段像样的、令他不能忘怀的文字，偶尔写的寥寥十几句话，竟然全是冷冰冰的、没有生命力的套话……请问，他会认为写作是一种重要的能力吗？教师缺乏写作能力，不但影响教学效果，阻碍自己的专业发展，也贻害学生，让学生在今后的发展中对一门学科长期存有误解。

　　教师缺乏写作的经验，就不大可能了解学生的写作过程，也就不大可能对学生的写作做有效的指导。我在教学中发现，相当多的学生非常重视教师的写作示范，教师在写作上比学生高明一些，学生就有了可以提高的"台阶"；教师的写作经历丰富，在和学生的交流中，他的经验和教训都可以成为学生写作和思维的借鉴。

王栋生　作文教学笔记

NOTE

想象的趣味

听说读写，不能忽略"想"。如果学生不会"想"，他的听说读写必定处在一个很低的水平。我们评价一个人的文字能力，往往关注他表达的智慧，而智慧主要来自思维。积极的思维能展示逻辑的力量，写作者能通过它获取想象的趣味。

语文课讲诗文，总会有些学生感到无味，因为他们缺乏阅读的积累，没有文学趣味。多年前有学生在作文中讥讽："编小说的都是骗子，写诗的都是疯子。"——他认为凡是自己没有看到的，都是假的，他完全否认虚构的作用，拒绝一切虚构的作品，也难以理解激情的表达。

我常痛感学生作文缺乏趣味，往往正是因为他们的文章一点儿想象力也没有，而我们共同经历的学校生活并没有枯燥到无趣的程度。写作教学缺乏开明的教学环境，没有自由想象的空间，就会这样无趣、无味、无聊，当然，也就无效。

激发学生的想象能力，教师要有见识，也要有策略。学生的想象能力，有时要靠外部信息去"激"，教师要用智慧去"激发"或"激活"：出一个能诱发他想象的题目，提供一个能引导他关注某个事物的思路，让他回看一下自己生活的轨迹，都有可能拓展他思维的时空。

多年前我教初中一年级时，在课上做过这样的试验：让学生把两件不相干的事物联系在一起，看看最少需要用几句话。结果大部分学生用五六句话，就能叙述得看不出痕迹，只是手法有高低、趣味也不尽一样而已。有学生说，小学课堂上也做过类似的练习，用两句话把三个看似不相干的词汇连在一起。也许，这凭借的是最基本的词汇勾连能力，但这个过程中必定要调动个人的语言积累，没有一点儿联想能力也是很难完成的。

最早的想象力可能来自好奇心，而要想真正具有想象的能力，可能还得依据阅读的经验。这种想象力从儿童开始阅读之后就出现了。一般而言，想象力发展最快的时期，是童年和少年时代。心智正常的儿童，通过阅读以及对外部的好奇，产生想象。当然这种想象力可能和呓语没什么两样。我童年时读三国，受作者的影响，不忍看到刘汉的败亡，便和同伴做起白日梦：如果关羽有一挺重机枪，何至于败走麦城？而姜维如果有辆坦克，历史很可能是另外一种样子了……和小伙伴在一起尽情地想象，不禁扼腕而叹。

中国社会常把"做梦"当作对一个人的嘲笑，可是每个人的内心，何尝不希望梦想能实现？一个不敢做梦的民族是没有出息也没有出路的。做梦与务实根本不矛盾，发展想象力也就是发展创造思维，在接受教育的过程中让思维得到发展，是最重要的务本、务实。

童年时代、少年时代，甚至青年时代，都可以是做梦的时代，可惜的是，中国的青少年过早地丧失了做梦的权利，特别是20世纪50年代起的两代人。我读小学时，虽说政治运动不断，但老师仍然让我们自由地言说梦想，记得当时表示"当科学家""当作家""当医生"的仍然比"当解放军"的多；到我上中学时，老师、学生已经不会也不敢做梦，说假话空话的多，说胡话昏话的更多。时至80年代，教育界才又有人倡导"说梦"，但不久经济大潮令社会极度功利，应试教育愈演愈烈，青少年在受教育过程中也开始知道"享受实惠"比"追求理想"轻松，"梦想"也已物化。

我在1999年出过一个作文题："如果让你自由地选择，你最想生活在什么时代的什么地方？请你写出来。"（后来得知，有个杂志给一些作家出过类似的题目，但我不知道那些作家写了些什么。）我觉得让高一学生来写这个题目，有可能给他们一个探寻想象的巨大空间，让他们做个梦。据此他们可以审视一下个人的知识积累，可以测量一下自己的思维空间。文章写完了，思维不会停止，他们可能会把这种思维方式移往更广阔遥远的时空。——不让思维停止，可能是最有效的学习。而从教学的角度，我们据此可以了解一名学生的历史文化知识水平和思维判断能力，能观察到学生之间的差异以及形成这类差异的原因。这个题目，比让学生写"假如我是市长"要有价值、有趣味。有些教师坚持让学生写"观察日记"，如种一株花，养一只小动物，这些对低年级小学生可能有点儿作用（也有点儿趣味），但对高年级小学生和中学生来说，引导他们对人世的观察，激发他们推测未知事物的兴趣，可能更有价值。同解读文学作品一样，引导学生在生活中具体想象一个人的命运，想象岁月对一个人的安排，想象各种各样的境遇对人的影响，可能更有意味。真正有文化意义的思考，也许就在那些并无规则的"胡思乱想"之中。

学生阅读理解能力的差异，与想象力有关。同样阅读唐诗，学生的学习表现往往截然不同，有的沉醉于想象中，有的虽然倒背如流，却了无趣味。诗人把一个故事、一个难忘的场景、一段经历、一种情感锤炼为几十个字，读诗的人则需要运用经验去理解，去"还原"，甚至依自己的想象"参与创作"。人们之所以有时会把一首诗想象为另一个故事，描绘出另一个场景，甚至主观地解释成另一种感情，未必是因为感悟与理解力低，而是因为他们通过想象，不自觉地加进了自我。儿童对阅读文本的理解往往有独特视角，也会有自己的独特感悟，如果教学不要求"统一答案"和"正确答案"，完全可以让他们按自己的逻辑去发现，去享受阅读的趣味。因为毕竟他们还处于童年时代，他们有权也有必要保持想象的自由。——阅读学习贯穿一生，教育者没有必要让人们在童年时就保证"一切正确"。同样，我们可以发现儿童对音乐的理解千奇百怪。对同一段旋律，儿童描述的常常不一样，这也是因为他们有自己的理解和想象。对音乐的欣赏，成人也因修养、经历、性格的不同而表现出差异，这些并不妨碍鉴赏力的发展和提升。听众在旋律中想象，脑海里出现的画面也不尽一样，必定会有个人的独特理解。我大学时听雷哈尔《晚会圆舞曲》，对这首乐曲有自己的想象和理解，因为那一段时间正在读《安娜·卡列尼娜》，也关注过普基廖夫的画《不相称的婚姻》。后来有位音乐教师告诉我："那不过是首圆舞曲，和你的解说风马牛不相及，但你的想象可以成为另一个故事。"

想象力丰富的学生几乎都是极其热爱生活的人，他们思维的灵敏度很高，对事物永远保持着一种新鲜感，有着可贵的好奇心。儿童常有没完没了的提问或追问，在他们有了一定的阅读能力时，则能独自观察和思考，也能与他人有效地交流，这样，"经验"成为想象的动力，从而在推导事物发展的各种可能时，能够催生一般人不能及的创造力。20世纪80年代，福尔摩斯探案小说风靡一时，有学生说，读完福尔摩斯的全部小说，觉得"看人的视角不一样了"，偶尔也能"窥一斑而知全豹"，根据人的言谈举止，能大致推测出其职业、习惯和性格，甚至能想象这个人对某个问题可能表现出的某种态度。——他们把福尔摩斯小说当作一种运用知识的人生经验。

我对语文课放映电影和录像的做法一直持保留意见，也不主张在教学中过多使用多媒体。我考虑的是，语文教学要培养学生的阅读想象力，即凭借语言文字的表达，感悟文学艺术之美的能力。道理并不复杂。我早些年曾做过调查，学生反映，在阅读小说时，脑海中一直是有画面的，有自己根据文字或想象，并结合生活经历描画出的人物肖像，以至他在看到某些版本的插图时，会认为画得"不像"——和他的想象不一样。这种个人体验非常微妙。

一个人善于观察外部事物、关注人、关注世界，就有可能获得这样的乐趣。相反，阅读积累欠缺，对外部事物缺乏足够的观察动力，过于功利，也就很难具备恒久而有趣味的想象力。自由的思想、自由的表达，有兴趣作为动力，才可能产生价值，因为创造力往往由此而生。在这个问题上，可能因学科的不同而有差异，但自然科学研究预见事物可能的发展，需要推理，有时也需要想象。

不要随意指责学生"胡思乱想"，而应鼓励他们"敢想"，已而达到"会想"的境界。我上课时，偶尔会发现有些学生面有愉悦，当年没什么经验，还以为自己的教学已达到某种境界，学生听我讲说明文也能如痴如醉，当然很快就发现不是那么回事：他们早已分神做白日梦去了！他们能想象神游天下的奇遇，能想象实现伟大与光荣的抱负，能想象常人不能忍受的奇特与悲惨……真的是无奇不有。

想象力如何培养，我无良策，也无捷径；但我认为，在写作教学中引导学生关注事物各种可能的发展，从看似无味的日常生活中发现无穷无尽的情趣，在芸芸众生的普通生活中找寻蕴含着的诗意，应当不是很难的事。

小学生写什么

　　时下语文教学存在一种很奇怪的现象，即九年义务教育和高中教育"剥离"之后，高中教师不知道初中的教学内容，中学教师没见过小学语文教科书——除非他们自己有孩子在读小学，而小学教师也不知道学生升入中学后要学些什么。了解各个年段语文教学的"衔接"与"过渡"，全面观察学生语文能力的形成，是非常重要的工作，值得每位语文教师关注。

　　我曾在高一年级了解一些学生的写作经历。这些学生有许多共同点：畏惧写作，视写作为受罪；一篇七八百字的作文，通篇没有一句自己想说的话；更糟糕的是为文造情，匠气十足。有学生反映，上小学三四年级时老师就说过，作文要写点儿"有意义"的事。有个学生回忆，当时曾写过一篇《我最爱吃的菜》，老师认为"虽然叙述得比较生动，但没什么意思"。这位学生回忆当时的感受，写道："'吃'，是我最感兴趣的事，但老师不感兴趣；不能写吃，当时我也就没有什么可写的了，因为我想到自己感兴趣的事老师不一定有兴趣。"教师的评价，在小学生那里会起到意想不到的作用。有些儿童会因教师的态度而苦恼，如果他们没有从生活中感悟到什么"有意义"的事，很可能只好编出一些"意义"，很可能从此视写作为一种机械单调的文字套路，很可能从此把写作当作一种可以不负责任的文字表述……这就给学生后来的写作乃至整个语文学习造成一系列困惑。

　　当一名儿童无法将自己的真情实感形诸文字时，当这个孩子受到束缚，无法准确流畅地表达"个人看法"时，写作对他而言将是痛苦的。在儿童睁大眼睛观察世界时，有什么必要跟他谈"意义"呢？只要他认为是有趣的，认为是有价值的，他就可以自由地去写。

我在一些场合说过"儿童永远正确"——我不希望这句话给读者造成误解，我的意思是：儿童有自己的思维方式，有自己的逻辑表现，你认为错误的、不足的，他也许根本不理解。这时候，教育者要有"儿童本位"的意识，要能从他们的视角去观察、去思考。有个小学一年级学生写话，大意是：我妈妈胆子特别小，我想做一条狗，保护我妈妈。老师的批语是："为什么要做狗呢？为什么不做一名人民警察呢？"在老师看来，这小孩子智力、情感有问题，也没有什么自尊，故而要启发他。然而这个孩子解说的理由是："狗可以不上班，一直在妈妈身边。"儿童的这类视角及思维的合理性，成人很少想到。

以我粗浅的认识，小学生的作文，特别是在初学写作的阶段，主要是靠"趣味"，写作的兴趣自然会把他引向积极主动的学习，暂时没有必要教太多的写作知识。儿童的接受能力有限，他的手很小，不能往上面放太多的东西。如果教写作技巧，教多了，一是小孩子记不住，嫌烦，不想写了；二是即使"掌握"了，从小接受匠气熏染，灵气也就少了。每次参加某报组织的小学生作文"季赛"评选，我总指望能发现些让人眼睛一亮的文章，遗憾的是，这种机会很少，而且越来越少。这些参赛作文多有教师"指导"，有功架，讲格式，遣词造句也颇下功夫，偏偏缺的是灵气，找不到一个"真我"。我甚至认为，这些作文，写和不写一个样。几年看下来，发现不少文章几乎是一个模子里套出来的。几百所小学，几千名老师，几十万名小学生，大家似乎都没想到这个模子其他人也会用；教师在推举学生的作文时，显然没想到送到评委那里的不是"馒头一个"便是"一个馒头"，而成千上万的"馒头"中，究竟哪一个"馒头"不同凡响呢？无法从这些小学生的作文中真正看到创造的趣味，估计他们在写作的时候，也仅仅是冲着获奖而来的。

十多年前，我曾和同行讨论过中小学写作教学的"阶段性的任务"，观点不一。后来大家比较认同，小学作文还是应当注意"童趣"，即所谓"儿童的趣味写作"；初中生年龄稍长，或可以概括为"少年的率性写作"。

在和儿童相处中，那些童稚的语言最引人怀想。当一名三岁儿童对你说"因为我肚子疼，所以我想吃饼干"时，你不可能认为他荒唐，因为他的话已经含有因果关系，他是在进行逻辑思维，而不是在玩幽默，他仅仅是不会用"饿"这个词而已。有个三岁的孩子在外面和小朋友玩耍，不肯回家，面对父母的召唤，他的回答是"我有我的随便"——他如果说"我有我的自由"，那就成人化了。儿童用成人的语言，往往很无趣。

学生刚读到小学三四年级，就怕写作文，为什么？因为他感兴趣的事，教师没兴趣；教师认为有意思的事，他却不能理解。儿童对色彩、形状和动态比较敏感，而成人对"价值""意义"比较在意，鸡同鸭讲，自然难有效果。这时候，教师就特别需要考虑儿童的感受。一个不懂教育规律又缺乏沟通意识的教师，他的作文教学将是非常困难的。

六七岁的孩子学写话，非常在意"我做了什么""我看到了什么"，在这一阶段，他的眼睛就是照相机，比较"真"，他拿起笔，真正是"我手写我心"。请看下面两篇小学二年级的"写话"。

星期天我到浮桥公园去玩了，我chi了两回滑梯，吃了两根冰棒，一根是橘子的，一根是赤豆的，后来我小了一泡便，就回家了。

昨天我到中山陵去玩，看到三个孙中山。下面的一个站着，黑的；爬呀爬，爬到上面，房子里面一个坐着，白色的；后面有个小屋，里面一个睡着的，黄的。后来我就回家了。

这两段话是1989年《扬子晚报》的副刊编辑刘丽明给我看的，好像是一位家长寄给她的，说自己上二年级的孩子的三篇"写话"作业都没及格。为什么会不及格，老师没说明理由，家长也困惑。编辑请我看，询问出了什么问题。我对小学教学要求知之不多，不敢轻易发表意见，我只能凭经验估计，那位老师可能认为"小了一泡便"不登大雅之堂，"三个孙中山"显得没有常识。但我看了这些"话"之后很开心，觉得非常有趣。你看，这个孩子的"流水账"记得多好，第一篇七句话，有五句和数字有关，叙述得清清楚楚；第二篇分别写出了孙中山的铜像、汉白玉坐像和灵柩上卧像的特征，简约明白。两篇都自然地用了"总一分"关系。一名七岁孩子的短文，竟然已有归纳意识，能简约地说清一天中他认为重要的事（我想，这可能比一个成人一天的生活值得记忆）。我甚至想到，如果官员说话能有这么简约生动该多好，那样，我们国家的行政成本就会大大降低！

由于我在一些场合说过这个案例，也在一套书的序言里写过，所以不久前《读者》杂志又提到了这件事，不过是从上海一位老师的演讲中转引的。传多了，有些走样，但这已经不重要了。我关注的是：23年过去了，那个孩子年已而立，他现在的写作状态是什么样的呢？他会不会保持着那颗纯洁的童心呢？想到这里，不禁伤感。我们在"成长"的过程中，破碎了多少梦想，失去了多少宝贵的激情！我还想到，如果再过五六十年，当这个孩子于耄耋之年看到童年的这两段话时，他可能会想起写作给生命留下的幸福。——当然，他也有可能记起老师曾经用几个"不及格"让他伤心。

同时，我也在想那位老师，他在这20多年间，是不是一直这样批改孩子们的作文呢？他在之后的教学上会不会有所反思、有所改进呢？要知道，我们语文教师所做的、所说的一切，也会长久地影响一代人呢。

童言无忌，故而才有"童趣"。让小孩子说大人的话，鹦鹉学舌地讲"意义"，过早地社会化，那就非常无味了。让儿童模仿成人的表达方式，剥夺了他们认识世界的过程，遮蔽了真实，也剥夺了人性。每当看到小学生面对记者的摄像镜头像背书一样地"谈感想"，非常自然流畅地说着那些未经思考的（甚至也不可能明白的）、与年龄不相称的话，把那些在学校直接被灌输的话语重复出来时，我就觉得语文教育非常失败，因为没有独立思考意识的学生不可能有创造的欲望。

好多年了，难得听到充满真情的儿童歌曲——现在的孩子，唱的往往是成人的歌。我在公园看儿童联欢活动，发现幼儿园竟然让全班小朋友学时装模特走猫步！这难道是属于孩子的快乐吗？儿童的写作走向成人化，绝对不是成长，而是在剥夺童年。"少年老成"不应当是对孩子的夸奖，如果孩子都把自己变成"小大人"，都给自己蒙上一层面具，把成人世界的虚假学了去，人人喜怒不形于色，个个追求胸有城府，那我们生活的空间就永远失去了孩子的欢笑和歌唱！

我很赞同一种教学观，即让少年儿童自由地表现个性，无所顾忌。如果他们想笑，就让他们放声地笑；如果他们想哭泣，那就告诉他们，可以让泪水挂在脸颊上；如果他们想叫喊，就让他们的声音飞向天空和太阳！——不必在意世俗的目光，因为人最宝贵的是天性。

我并不反对小学生写"意义"——如果他们在生活中的确发现了有价值的、能引发他们思考的事物，发现了生命的召唤，有所感悟，那就非常可贵。我反对的是一味地灌输思想观念，否定个人思考的价值。如果儿童的写作不虚构"意义"就不被承认，那么，写作就必定是一件痛苦的事。

我在关注写作教学这一备遭诟病的难题时，曾谨慎地探索造成"言必有意义"的原因，我暂时无法做结论。原因比较复杂，问题远远不止在小学和中学。我们的社会多年受"宣传"的干扰，不仅仅是表达模式的干扰，更有思想观念的干扰：没有成绩，没有意义，没有价值，也就不够格"宣传"，自然也就没有了用文字表达的必要。在社会功利主义的影响下，小学语文教学不可能独善其身、一尘不染。教科书的课文和各种读物的选文的示范、作文教学的范例、社会信息的影响，都在暗示学生注意"意义"，而相当多的教师也是在这样的熏染中成长并走上讲台的……我问过很多小学同行，他们也很困惑；即使他们认识到问题严重，也很难改变陈旧的评价体系，很难克服环境的干扰。但是，认识到这个问题可能对民族素质造成的危害，是改变的开始；最令人担忧的，是浑然不知，或是知道了也无所作为。

没有自由思想就不会有创造精神

有老师问，作文写得好的学生一般有哪些特征？问得有意思。

在一个新班，只要安排一两次作文或随笔，教师便能很快地发现那些所谓的"写作尖子"。这些学生读书涉猎广泛，文学阅读超出教学要求；他们富有生活情调，同时很留心身边的人和事；他们的交游面未必很广，但交流的质量很高，往往都有无话不谈的二三知己；更重要的是，他们在精神和意志上比一般人具有独立性，往往有许多自由的想法。

我教过的一位学生，在交来的作文中夹了张纸条，纸条上写的是："我本来是不想这样写的，我的观点你可能不认可，我不知道该怎么办。"他的作文符合教学要求，但是既然他表示这未必是他的真实想法，我就觉得这次作文他写得并不愉快。我在他的作文上批了几句话，大意是，你不能畅所欲言，看来是我的教学存在问题；分数并不重要，你的不愉快使我遗憾。后来，这位学生在随笔中对教育现状、社会问题发表了许多非常自由的想法。——应当说，这位学生思考问题的深度，已经超过了一般教师的认识，他对社会问题的分析比较理性客观，并没有那种带着几分狂热的"青春病"，而且世界大事、国计民生，都在他的思考当中。我并不主张用"嚼得菜根，做得大事"去激励或诱惑青年，然而青年能"想大问题，做小事情"，则一定会是民族进步的希望。我一直要求学生能自由地思考问题，如果学生缺乏自由思想，那很可能是教师教学的失责。

为什么会是教师的责任？道理很简单：学生主要的思想活动发生在学校，产生在课堂，他的生活态度和世界观的形成，教师的教育教学起了重要的作用。为什么学生不敢自由地思考、自由地发表言论？在我们的社会中，一个人要想平安生存，会有许多顾忌。在一些传统观念的熏染下，学生很小就明白"枪打出头鸟""人怕出名猪怕壮""出头的椽子先烂"……在他的成长路上，会有多少"古训"在等着他！一位学生想要发表自己的独立见解，往往会先看看他的教师是何等样人。他犯不着让教师脸色大变，他犯不着自讨没趣，他会担心各种对他不利的评价，因为他是学生，他还有许多学习任务要完成，他不可能用有限的时间为自己的言论去解释，去周旋。我们的教育，管头、管脚、管嘴巴，总是把孩子们从小就管得只能循规蹈矩，不能乱说乱动（有些小学甚至有"报告制度"，每个班发展两三名"安全信息员"）。这些，都是违背教育常识的。要求孩子在德行方面"听话"，是正确的；全面要求孩子"听话"，则很可能意味着禁止自由思想，这就把儿童的想象力和好奇心全扼杀了。我在多年的教学中发现，很多老师往往是在学生的随笔、周记中发现了"思想倾向""思想苗头"，于是不由自主地就"关心"起来，自觉地扮演起"思想警察"的角色，"以其昏昏，使人昭昭"，从不去想这会给学生的个性发展带去什么。

前面说到的那位学生，还知道"试探"一下教师的态度，更多的学生则根据教师平时教学中的"思想倾向"，直接把自己隐藏起来了。面对学校和教师的威权，他们有什么必要拿自己的"前途"去冒险呢？他们的学习本来就不轻松，为什么要自寻烦恼呢？他们看到很多事"说了也白说"，于是选择少说，或者干脆不说，虽然他们一直在想，不停地想。

很多教师可能都有过这样的经历：鼓励学生在写作中关注身边的人和事，勇于发表个人见解，然而学生只不过用几百字批评校政，教师就担心起来，唯恐出乱子。为什么会这样？学校是学生的家园，他们在这样的家园里应当有自由表达的激情，他们有责任直接把自己的想法倾诉出来；如果在自己的家园中都不敢自由言说，那他们对社会又能有什么样的感情？

在很多学校和家庭中，学生连阅读的自由都没有，连支配自己时间的自由都没有。一个生活在铁桶中被喂养的生灵，怎么可能有飞翔的意识？一个生活在各种各样禁忌中的少年，怎么可能有自由的思想？我每每和一些教师谈到这个问题，他们总是说"怕"。作为教师，你到底怕什么呢？

有位学生在随笔中谈对"奥运会金牌第一"的看法。他说，自己虽然热爱体育运动，但是对奥运会夺"金牌第一"的宣传甚不以为然。他认为，无论是运动员的"金牌为上"的意识，还是商人的重赏，都不符合奥运精神，是误导青少年；政府对群众体育运动投资甚少，没有给青少年提供最好的体育锻炼环境，是决策错误；绝大多数青少年不会游泳，很多学校违规增加考试科目的课时，缩减学生体育锻炼时间，却没有引起社会关注……这些观点来自一名学生的独立思考，也很像"唱反调"，如何评价他这种独立见解，是对教师自身学养的一种考验。

又如，时下中小学没完没了的"检查""验收""评比"，总是要兴师动众，劳民伤财。很多学校弄虚作假，校园整饬一新，统一师生说话口径，背诵讲稿；准备礼品、安排宾馆宴会，奢侈铺张；校长油头粉面，送往迎来，谄媚无比……这些，学生全看见了。如果教师的教育教学是成功的，学生就不大可能和学校"在思想上保持一致"，他必然会在情感上和这种学校风气疏离甚或决裂，他必然有能力分析这种现象的根源，他极有可能以此来判断其他人的"情感、态度和价值观"。那么，作为教师，你是让他说，还是不让他说？安徒生笔下的那个孩子敢于说皇帝什么也没穿，也许是因为他没有受过这样的教育，否则就会老气横秋地反问出一句："这个，你说他是穿了，还是没有穿呢？"

人们讴歌唐诗的伟大，所谓"唐朝的诗，诗的唐朝"。我的学生得知唐朝没有一位诗人因为写诗而坐牢，其反应并不如六七十岁的人强烈，盖因中学生的历史知识尚不丰富，不太了解中国历史。有文字狱的时代，都不可能是文学艺术的盛世，也不会出杰出的思想家。经典的出现也和自由思想有关，我们不必责备当代作家写不出传世之作，当然，在处处设置禁锢的语文课堂上，我们同样不能责备学生写不出青春的激情与独特的见解。

十多岁的中学生，作文说假话、套话、空话，教师不以为怪；偶尔真实自由地思考了一些问题，教师却如临大敌，感到不好处理，这样的语文教育，只能培养识字的奴才。

自由的思想，也有助于拓宽学生的写作空间。比如，学生在课堂上常常会走神。有时，他们看起来神情愉悦、若有所思，我就猜他们准是想起什么开心的事了。我在写作指导课上举例说，这种表现就是"狂想欣快症"，学生都笑起来。思想是"管"不住的，谁都会有自由想象的空间，但是你能把这些写出来吗？同样，这也要看教师是什么样的人了。一些学生随笔中的"连载"，体现了青少年正常的情感，没有什么可笑的，但并非所有的教师都能以一颗平常心看待学生的这种无拘无束。面对学生的作文，他们经常感到不可思议："为什么他们要这样乱写？""学生为什么这样胡思乱想？"按这些教师的思维逻辑，没有实际生活就不该写。他们否认积极思维的价值，不认为想象力是一种创造力。然而他们错了，他们能否分辨"胡思乱想"与"奇思妙想"并不重要，重要的是他们忘记了自己面对的是一个正在成长的孩子。

没有自由的思想就不会有创造精神。"钱学森之问"震动了许多人，对于为什么中国的学校没有培养出大师级的人物，有关评论很多。但多数评论只注意高等教育缺乏创新精神，而忽视基础教育的落后。基础教育的落后不完全在于经费投入的不足，而在于没有树立符合教育规律的教育观念。当一个人接受了12年的基础教育进入大学时，他的人生观已经充填了一些基本内容，他的思维已经形成了一些基本特征，也就是说，12年的基础教育已经给他打下了一定的"精神底子"。如果这位学生为了考试分数一直不懈奋斗，已经不会，也不敢自由地思想，即使他考进大学，又怎么可能有独立思考的精神，又能有什么"创造"呢？

你的周围有很多"问题"

学生说:"听了老师的课,没有问题了。"——这种话,常常听到。有时无所谓,有时则会想,这是不是一种失败呢?当然,按常理,教学就是要"解惑";"惑"既已"解",也就圆满,何来遗憾?

我有时期望的是另一种境界:我的课上过后,学生并不轻松,他们苦苦思索,甚至感到困惑,他们用你教的方法去观察、去阅读、去思考,结果发现了更多的问题……

我常感到奇怪,进入20世纪90年代后,许多学生总是叹息,说隔周一篇的随笔没有什么可写的,特别是没有什么事值得思考、值得发议论。我和学生在这个问题上有过多次的交流。我不能不感到遗憾的是:学生接受了九年义务教育,竟然不知道要靠自己去发现问题,而要等待教师的点拨和启发。在这方面,我的经验比较简单:没有思考的意识,就发现不了问题;而感觉不到存在问题,也就不可能提高思维品质。

可是,在一个不提倡个人独立思考的环境中,一名爱思考的学生很可能不见容于他人,教师、家长,甚至同学都会认为他"出格""怪异",是"异端"——大家都没发现的问题,为什么你发现了?这就很难形成思考的碰撞,很难通过讨论、交流获得启示。如果周围的人都不认为他的发现有价值,他这种思考发现的欲望就会减退,逐步地弱化,最终泯然众人,融入无意识的群体。这种情况下,教师的作用就特别重要,因为学生希望得到教师的鼓励,希望能与教师交流。古希腊把教师称作"智者",在困惑时,学生就需要智者的启发。如果教师只会说

"你好好读书，以后不要胡思乱想"，那么，这个学生的"思考史"也可能就此结束。

有位学生大概是听了家长转述的市长的一次"重要指示"，感到不可思议，于是在给我的邮件里写了一段话，表示不理解。这名市长在谈到机关的工作纪律时强调"上班时间不准'掼蛋'"——"掼蛋"，据说是由乡镇干部发明、流行于苏北地区的一种扑克牌玩法，几年时间就进了省市机关事业单位（这中间原因比较复杂，值得进一步探究）。这名学生的思考是："掼蛋"就是打扑克，要由市长出面禁止，说明上班时间打扑克的情况已相当严重；而上班时间"掼蛋"，说明工作人员无事可干（或者有事不干），看来一些机关事业单位人浮于事的情况是真实的；要由市长发表讲话来禁止上班娱乐，说明这些工作人员的道德水平已经下降到连中小学生都不如的地步；另外，市长的表达也有问题，"上班时间不准'掼蛋'"，那么是不是可以玩麻将呢？……我看了这封邮件之后想到，语文教学就是要这样培养学生的思维。学生能这样去思考社会，思考人生，教学就是合格的。我在给他的回信里简单地批了几句话，告诉他，以后看到"严禁抢劫警车"和"卫兵神圣不可侵犯"一类告示，也应当敏感，如果见了没有反应，是语文没学好。如果教师没有勇气面对这样的问题，语文教学乃至整个教育中的"人文性"真正是徒有其表。

爱思考就会发现问题，没有问题，也就不会思考。而学生的生活中不是没有问题，也许因为常识教育缺失，学生习非成是，根本没有想到那是问题。这些年，我每思及此，都有一种莫可名状的恐惧。在应试教学的重压下，一个班50多名学生，难得有关注问题的、能独立思考的学生，这也让教师的教学逐渐失去了乐趣。

学生不会分析，那就多向他提点儿问题。我经常从一些小事上与学生谈自己的发现，更多的不是在作文课上，而是在任何时候。有学生在作文中顺便提到"星期天帮妈妈做做家务"，我读过这一段后发现全班基本没有反应，就说，对你们的毫无反应我很失望。——在这种时候，最能看出学生思维的差异。大约十多秒钟，就有人喊了一句"'家务'面前人人有份"，多数学生才恍然大悟（当然，也有个别学生认为是苛求，不以为然）。可不可以做点儿分析？能否就此类推一下，看看还有什么类似的错误观念和不合逻辑的表达？于是诸如"我帮老师分讲义"之类从小就写得顺手的"好人好事"一下子全被颠覆了。——明明是自己的事，明明是自己应尽的责任和义务，读了十年书，居然没有认真想过，只会照猫画虎地分析"扫一屋与扫天下"，如此则学到的岂不全是假大空之技？检讨中小学作文中的这个"我帮……"，真能发现不少问题。

教师的思考和发现有可能影响学生，反过来，学生的思考也能影响并帮助教师。20世纪80年代末，我曾问一位学生为什么很少去图书馆，他什么话也不说，拿出自己的借书证给我看，我看到上面有一个蓝色印章——"借读"，立刻全明白了。学校里的许多事，学生内心极为关注而无能为力，校长和教师有能力解决却习焉不察。事关学生的心灵，教育者怎么能漠然视之？教师没有引导学生去思考，因为教师自己也麻木了。教师的教育也要注意少数甚至个别学生的感受。当天下午我去找了校长，据理力争，要求立即废除这种歧视学生的做法，学校当月即给这批学生更换了借书证。然而，我奇怪的是，这种错误做法延续了几年，为什么没有人质疑呢？已经有不少学生带着遗憾离开了学校，借书证上的那个蓝色的"借读"成为他们对母校感伤记忆的一部分。我想问学生的是，现在学校里还有没有类似的情况？你是怎样思考的？南京市高中的择校费是三至四万元，多年来，学校有相当一部分学生是交择校费进来的，这实在不是一件小事，为什么很少有人在写作中提及？是因为不敢露富还是因为感到耻辱？抑或是因为遵守契约而不敢发声？我想到的是，虽然因为众所周知的社会原因，也许谁也没有道德错误，但"只差一分，交三四万元"的经历将伴随一名学生走过他的一生，这难道不是一个"问题"吗？

每学期结束，教师要参加"文明班级评比"，学生为本班能评上优秀班级，"夸大成绩，扬长避短""挖掘成绩，乔装打扮"，好多班级派出男女两名代表轮流激情朗诵，希望争取教师的好感，多得一票。复杂的竞争局面经常引发学生的博弈意识，这可能是他们最有兴趣的"思维活动"了。每次我在现场，都无法直面学生的这种庸俗。我甚至想到，他们之所以对社会上存在的弄虚作假并没有青年应有的愤慨，可能正是因为他们从小就在这种"假"的环境中长大，即使曾有过疑问，也一傅众咻，早已被同化。这或许也是他们不能发现问题的原因——准确地说，他们自己也已经成为"问题"了。

当然也有人问：能不能不要把这种问题上升到品格评价上去？这是不是学生的责任？修辞立其诚，作文如做人，这些话谁都会说，但面临具体问题时，我们应当如何指导学生呢？如果教师本身教育观念错误，或者言不由衷，那我们的作文指导也就无效。而在一所学校，教师在启发学生的思维时，应当直面教育错误，接受学生的质疑，没有必要虚与委蛇，或顾左右而言他。

学校曾给全体学生发"成长日记"，这本统一印发的"成长日记"扉页上有几句警言——"你今天进步了吗？""你今天又有什么收获？""这个月你养成了哪些好习惯？"……本子的格式类似公司经理的记事本，规定学生每天都要详细填写，逐一记下所做的一切。校长要求班主任和家长每周都要对学生的品格成长与学业做出评价，并要写一段话，让学生"有成就感"……很多教师被这个"成长日记"弄得不知所措，希望学校尽早停止这种荒唐的活动。可是校长把这个活动视为他的"发明"和"政绩"，强制推行了好几年，教师不胜其烦，学生怨声载道。有学生在作文中明确表示：这件事不仅加重了学业负担，还公开鼓励说假话，因为很多同学不想让家长和教师知道自己的隐私，于是不得不虚构"成长记录"，每天编造一些内容。我觉得，如果一名教师面对学生这样的痛苦却始终麻木，是一种失责。每有学生在随笔中写到这件事，我都鼓励他直言，鼓励他针对问题做分析，把自己的思考（包括反对意见）记录下来，不用管家长和老师的看法。因为只有这样，才是有价值的学习。如果他接受了12年的中小学教育，只学到一个唯唯诺诺，能有什么发现和创造？能培育出什么样的"个性"？再换一个角度，作为教师，如果我们不能运用理智，开拓学生的思维，我们的教学又能有什么意义和乐趣？

　　爱鸟的人哪，为什么你总是那么自得地检阅面前的那排鸟笼？你知道鸟儿在什么地方才能有生命的歌唱？

事理的简单与不简单

复杂的问题被简单化理解，简单的事理被弄得复杂，对学生的思维发展都没有好处。

思维品质体现在议论文写作上，差异会很大。在应试教育的影响下，学生写作经常不肯动脑筋。有一年高考阅卷，有专家私下问："这个题目明明可以写成议论文，而且不难写，为什么这么多考生偏要编故事，写这种可笑的记叙文？"我说："主要是没有思想。有人认为既然考生议论文写不好，高中就不要教学生写议论文了。这也是一些高校教师的意见。"专家听了破口大骂，认为这是不懂装懂，祸害学生，祸害教育。

我在高中教学多年，也感到近十年来一些社会问题变得比较复杂，而学生的议论水平则变得越来越低。问题的关键在于学生的思维品质差，特别是把问题简单化的倾向非常严重。学生之所以把问题简单化，是因为社会对青年的"告诉""告诫"太多太多。——"告诉"多，降低了学生主动学习与探究的积极性，不利于培养他们的思维能力；"告诫"多，容易形成思维的桎梏，压制独立思考，约束自由思想。中国社会有这样一种传统文化：青年只要"听话"，就不会吃苦头；倘若独立思考，一生将痛苦不堪，危险到"不听老人言，吃亏在眼前"的地步。"听话""听从""服从""顺从"了，头脑简单了，也就安全了，"不会走错路"了。这就是高中生发议论往往只会重复演绎现成观点的主要原因。

高中阶段，学生在学习中面对的问题不一定简单，依据基本规律，把复杂的事简化加以认识，是可以的（这其实是我们应当追求的"简约"）；看不到事物复杂的一面，只停留在事物的表层，只能浅层次地重复现成的观点，成为重复话语的机器，那就是"简单化"了。没有思想，不肯思想，不会议论，那只有去编那些傻里傻气的记叙文了。

我在启发学生思路时，经常结合学生有可能关注或应当关注的问题展开对话，对学生说"事情没那么简单"，或者"其实事情就是那么简单"。

2009年，北京大学宣布在全国中学实行"校长实名推荐"，最终公布了学校名录，有39所中学获得了资质。全国媒体立刻热火朝天地报道，一时间炒得沸沸扬扬。其实，就这个问题直接观察高中生的反应才是最有价值的。我在课上让学生针对这条新闻做评价，要求每位学生"提一个关键问题"，学生问出的比较有针对性的问题如下：

这次实名推荐要"推"出的到底是什么类型的学生？

为什么校长们并没有推荐真正有创见的学生？

这项举措究竟有没有可能给高考改革带来积极的影响？

为什么其他高校对北大此举反响平平？

究竟谁是这场闹剧中的最大获益者？

这39所中学是"名校"还是"高考名校"？

…………

许多提问竟然都在质疑，这是因为事涉学生切身利益，他们的考虑很容易直接触及问题的核心。其后的事实证明学生的怀疑并非没有依据。

这是个看似复杂其实简单的问题，学生的观点和评论比学者的分析要简洁、明确、有说服力；而对比较复杂的社会新闻或问题，许多学生的判断就比较吃力。

2008年汶川大地震，都江堰有位范老师，在地震时因恐慌先跑出了教室，事后又对自己的行为做了不恰当的解释，引发网络声讨，得一"范跑跑"恶名。随后在很短的时间内，教育部公布修订了的《中小学教师职业道德规范（征求意见稿）》，加进了"保护学生安全"这一条，强调教师要充分对学生的生命安全负责。事涉学生自身利益，他们会如何看待这个问题？我注意到，一些学生只有简单的思考，也有的不加思考。这类问题虽然涉及他们的利益，却提不起他们的兴趣，这是很有意思的现象。我们的语文教育经常处在这样一种尴尬状态：最有价值的语文学习材料来自社会，教育教学却不能充分地利用社会问题作为资源；学生生活在社会之中，教育却沉溺在书本之中；学生在书本中学思考，却没有能力解析身边发生的事。

我问学生："知道'范跑跑'的事和教育部的新规定吗？"学生表示知道。问学生："你们对这新规定有何见解？"有的学生一脸茫然，有的则表现出冷漠。我说："我有点儿疑难想请教同学们。"大家开始注意听我的话。

我问："如果这会儿发生地震，在这间教室里，谁跑得最慢？"

学生说："王老师。"

我问："为什么？"

学生答："年纪大了，身体也不是很好。""有点儿胖。"

我问："那么到时候怎么办？"

有的不知如何回答，有的说："一块儿跑呗！"

我说："那不行。教育部规定我要对你们的生命安全负责，可是我已经没有能力保护你们跑了。如果有情况，你们不要管我，先跑吧。"

学生面面相觑，疑惑地看着我。

"这样不好吧？"有学生问。

我说："你的意思是不能丢下我？"

"那当然。你是我们的老师嘛！"学生的语气很坚定。

我说："那不行。你们为了关照我，万一遭遇不幸，社会就会认为我作为教师，不但没能保护学生的生命安全，反而拖累了学生。所以我劝各位，到了关键时刻，无论如何你们还是要先跑，不要管我，这样反而成就了我的名节。再说，我老了，无所谓了。"

学生全都感到这是个难题，交头接耳，议论纷纷。

"不仅是我这样的老年人，教学楼里还有三位怀孕的女老师，你们注意到了吗？"我问。

学生纷纷点头。

我说："可是她们也得对你们的生命安全负责！"

学生忍不住了。有的说："我不知道该怎么说，但是我觉得如果我们先跑的话很不仗义，以后想起来要后悔一辈子的。"有的鼓起勇气，说："我们是青年人了，在危急关头，丢下老师逃生，是学生的耻辱。"有的说："我觉得'规定'是死的，人是活的。在紧要时刻，只有强者和弱者之分，不一定只有老师和学生之分……"

我问学生："大家考虑一下，有没有可以提供给社会参考的准确答案？"

学生全都看着我，等我说。

"我也不知道该怎么办，但是到时候我们就会知道，不过但愿永远没有那种时候。"我说。

又停了一会儿，我接着问："我为什么要问你们这个问题？仅仅是因为我没有能力保护你们的生命安全吗？"学生不说话。

"好多事情没有那么简单。"下课时有个学生对我说。

事情不一定有答案，但这正是我想听到的回答。如果我的学生对任何问题都能动脑筋去思考，我就不愁他们不会发议论，我就不愁他们说不出"我认为"。

值得我们教师注意的还有这样一则新闻。四川安县桑枣中学从2005年开始，每学期要在全校组织一次紧急疏散的演习，学校会不定时间地突然用高音喇叭喊："全校紧急疏散！"然后一切按照预定方案进行，老师们分工明确，责任到人。"5·12"地震时，"连怀孕的老师都按照平时的学校要求行事。地震强烈得使挺着大肚子的女老师站不住,抓紧黑板跪在讲桌后面,但也没有先于学生逃走。唯一不合学校要求的是,几个男生护送着怀孕的老师同时下了楼"(据新华社)。

　　只是新闻的这个结尾我一直没有告诉学生。

问题出在不会思考

学生议论文写不好，多数情况下不是表达技巧有问题，而是不会思考，没有思想。观察学生，可以发现，凡是有些探究意识、爱思考问题（甚至经常说"感到苦闷"）的学生，发议论的水平相对比较高。思考意识来自独立的生命意识，有了属于个人的阅读，有了属于个人的思考，人也就慢慢地"立"起来了。

2010年诺贝尔化学奖三名得主之一的根岸英一，在获奖后曾"重走学习路"，回到他读书的小学和中学。在他的高中母校，学生围着他提问。有学生问他："刚才您在演讲中说学校比国家重要，老师比学校重要，是这样的吗？"他笑着说："是的。但我还想说的是，比老师更重要的是自己。"他的意思不难理解。学校是具体实施教育的地方，教师是具体的引导者，而最终一切都要靠自己，要通过自己的思考，去理解，去发现，去接受，去创造。有独立思考精神的人，才是对社会有用的人，才有可能成为民族的希望。

这些年，老师们反映议论文教学困难很多。除了高考作文的指挥棒缺乏制导系统外，我更多关注到的是，现今的教育似乎并不重视独立思考。虽然大家也讲思考重要，然而一旦学生的思考不是"标准的"而是"独立的"，麻烦就来了。人们似乎看到了一个异端，看到了一个叛逆，看到了一个需要"帮扶"或"会商"的对象……为什么会这样？一般情况下，是教育者自己没有明白教育常识：教育的目的是教会学生思考，只有自由的思想才能产生创造力。爱因斯坦说过一句话，很多读者可能没注意，他在《社会与个人》一文中指出："只有个人才能思考，从而能为社会创造新价值。"这句话在当下特别有思考价值，在教育领域更有警醒作用。我们在工作中常见到不少貌似真理的教育言论，实质上就是千方百计地想用一成不变的旧规矩代替学生的个人思考，把学生的脑袋当作倾倒思想垃圾的容器，不但让他们的思维形成固定模式，而且以平庸的勤奋作为教育的"达标"。如果我们的教育只是教会学生听从、服从，而不培养他们独立思考的意识与能力，那怎么可能指望学校里能走出有创造力的一代人呢？刚刚十七八岁，就知道察言观色，就知道缄口不言，就知道要自觉地设立思维的禁区，那样的"语文"，学了有什么用呢？

在高中教学，时间久了，与学生也比较亲近，常有学生向我倾诉苦恼，他会问："我能有什么价值？谁会听我的？"是的，不但学生，也常有教师感慨："我们即使想到了，又能怎么样？"然而我的问题是："如果你连想都不愿想，或是不敢想，那岂不是更可悲？"

人因为热爱生活，才会去关注社会；如果人对生活失去了爱，当然也就不会有思考的兴趣，也会因此逐渐丧失思考的能力。对民族的感情、对人生的追求、对生活的爱，推动我们去探究，去思考。而这种探究的结果，往往也直指道德，直指灵魂，直指社会；越想越深，越想越远，越想越苦恼，越想，也越能"看透"，而即使"看透"了，也不放弃理想。——所谓的"境界"，不就是这样生成的吗？我在和学生的交流中曾说出这样的体会，我惊喜地发现，学生也在经历这样的过程，虽然仅仅是开始。

我主张在高中语文教学中，教师要做更多的"启思导疑"工作。我在写作教学中，经常做这方面的引导：这个问题怎么会是这样的？如果事实真的是这样，那为什么另一部分人并不认同？我们为什么不思考、辨析一下双方或三方，甚至更多方不同的立场和观点？我们为什么不去听取他们提出的依据和分析？他们这样说，也许各有道理，也许掌握着我们不知道的信息……

胡适说："做学问要在不疑处有疑，待人要在有疑处不疑。"其实，教会学生"怀疑"比教会学生"相信"可能要容易一些，因为社会生活中"轻信"的教训总是很多，只是学生难得把这种"社会经验"用到学习上来。我觉得，虽然做了很多努力，然而由于各种限制，我们没能教会学生足够的思考方法，没能有效地启发他们举一反三，更没能注意启发他们在实际生活中运用这些方法发展自己的思维。

如果学生不能将在学校学会的方法直接或间接地运用于观察社会生活、思考生命历程中的问题，而仅仅用来应付考试，这种"教育"不仅自欺欺人，也相当可怜。比如，时下几乎所有的学生都明白："逆境成才"，"顺境更应当成才"；"知足常乐"，"在工作和事业上不知足才能常乐"；"班门弄斧"，"如果不敢班门弄斧，就很难成为真正的人才"……非常简单的"辩证模式"，仿佛"思维"要学的就是这一套。有新教师看到学生作文谈勤奋、谈节俭、谈"让世界充满爱"，很激动，可两三个星期下来，他不但丧失了新鲜感，而且感到疲劳。三年下来，他的学生肯定能写出所有这类程式化的"思辨"文章，却不会对学校生活、对教育现象发表独立的见解，也不会分析简单的是非黑白。有位大学文学院教授曾疑惑地发问："现在大学生怎么不会独立思考？你们中学是怎么教的？"我问教授："作为大学教授，你在课堂上敢不敢鼓励学生自由地阐述个人见解？""你敢说自己没有在课堂上顾左右而言他或是闪烁其词？"教授默然。教授未必没有独立的思考，他也许有做学术研究的"不表达自由"，然而，一名中学或小学教师，则必须比教授、官员、媒体有更多的勇气和智慧，因为他不可以拒绝回答学生的问题。这就是我经常说起的基础教育的艰难。我们能够在一个孩子面前闪烁其词，以欺骗或是隐瞒什么吗？我们能教他们用不负责任的话语去应付别人吗？

这是绕不过去的问题。

我们以为自己在教学生思维，其实我们没有注意这种思维能力是否能被用于观察社会生活，从本质上说，没有经过使用的思想武器无异于屠龙之技。让我感到担忧的是，学生不但不关注社会，对身边发生的事不会评论，而且也没有正常的反应。

有一回布置作文，让学生"就学校生活中的一个值得关注的问题发表自己的看法"。学生全都怔怔地看着我。我说，就是这个题目，有问题吗？有个学生说："我找不到问题。"我问："你是真的找不到一个可以议论的问题，还是你没有注意？"我说，你们都17岁了，每天早晚还要家长接送，值得议论；你们一个星期测验三门学科，负担太重了，值得议论；你们有人做作业要做到夜里12点以后，有人只需做到晚上9点，值得议论；你们的"劳动"就是每星期做一次值日，却要在学期小结中写"热爱劳动"，值得议论；你们有事出校门要向门卫交班主任签发的"出门证"，值得议论；个别同学省下午饭钱去网吧打电子游戏，值得议论；在校园里听到同学说脏话而不表示惊讶，值得议论……你们对发生在自己身上和自己周围的现象都视而不见，没有一点点"疑"，当然也就不会对大一些的问题有自己的看法。没有了看法，文章怎么会有观点，怎么会有表达的欲望？

我问学生，你们难道不觉得自己生活在很矛盾的教育之中？学生漠然。教师、课本及一切教育学理论都启示学生要亲近大自然，要有土地意识，要"像山那样思考"……可是，有些教育局却规定春游、秋游不得出城区。对此，学生这样倾诉：从上小学起，春游、秋游就没有出过城，唯一的记忆就是每到这一天老师不布置作业，仅此而已；如果非要说有什么进步的话，就是上小学时还得交一篇作文，中学老师好多了，可怜我们，不要我们写了。——现行的教育把该说的都说上一遍、多遍甚至无数遍，却不给学生实践的可能；高喊提高综合素质，然而在实际生活中却只教学生实用的应试技能……我追问，你们只知倾诉事实，为什么不去评说呢？这和"我真傻，我单知道……"不是一样吗？

每当我和学生讨论到这里时，都会有学生兴奋地说，老师不用说了，行了，我敢写了。

写作教学要培养正确的是非观

批改学生作文，时有烦恼，除了因学生没有认真去写而产生的不悦外，有时也会有另一种不愉快。比如，学生的文字表达尚可，然而内容所体现的情感、态度、价值观不正常甚至不健康，教师很难选择"忽略"。一个文明程度不高、价值观多元的社会，也会让教师感到作文教学的困难。

我常看到五六年级的小学生写"我帮妈妈洗碗""我帮奶奶去买米""我替老师……"等，全都自以为是"帮"和"替"，几乎没有人认为那些都是自己该做的分内事。当然，这没有必要上升到是非问题上去，然而，教师是否需要做一些正确指导呢？如果说他们毕竟是小学生，可能无知，需要提醒，那么一些高中生作文所表现的观念可能就无法解释了。我在一次作文讲评中说，有些同学在作文中谈"以天下为己任"，说得头头是道，可是假期出了校门，他一米七八的个子，只提自己的书包，却让瘦弱的母亲替他背行李。这样的人喊"以天下为己任"，谁会信他？在旧时代，很多人在这个年龄已经建功立业，甚至慷慨赴难了。竟有学生听了不以为然，认为老师没必要注意这些事。我们的写作教学，总不至于培养那样一种言善行伪的恶劣作风吧。

这种言与行的脱节或背离，大量地存在于中学生的作文中，这不能不引起注意。如果学生没有能力对一件事发表正确见解，教师可以通过教学启发慢慢来，以期克服；但如果学生已经习非成是，他的作文即使很"真"地记写了自己的生活与思想，我想也不会有什么价值。

有次批阅学生的随笔，看到一位学生叙述去福利院"送温暖"的过程及感慨，特别写到了老年人精神上的孤寂无助，我看了很感动。我一度认为这些学生不太关注社会问题，没想到他们这样热心公益活动，也能这样关心弱势群体，我有些内疚，疑心自己平时对学生的品格要求是不是太高了，自己是不是太主观了。我甚至停下笔来思考：我为什么会低估了学生的道德心？可是接下去的两天，一共看到七八篇同题随笔，原来那天去福利院是小组集体活动。其他同学的随笔中还记叙了这样一些内容：大家七嘴八舌地讨论去福利院买什么礼物，最后做出"聪明的选择"——到超市买"大礼包"，因为"有包装，体积大，提着好看"；去之前讲好，"不能待得太久，下午还要去上辅导班"；到了福利院，"院长一看到我们就说，管图章的人不在，你们今天来盖不到章"；院长还说"又是这么多礼包，我们没法处理，不能让老人乱吃零食。下次你们最好还是用其他形式，或者捐点儿钱吧"；同学埋怨"下次还是要事先联系好盖章的事，免得多跑一次"；某班同学"送温暖"后，暗示受助家庭写感谢信寄到学校……"真实"吗？应当相信学生不至于胡编乱造。然而，这就多多少少让我这个老教师困惑，我看到了学校教育的另一面，知道了什么叫"积极参加社会活动"和"学生社会服务记录"！在应试教学和形式主义作风的熏染下，学生做这些事，非但难以产生积极意义，更可能贻害无穷。我没法责备学生，我在讲评时只是说："这些，我都看了，我有些难过，我实在不知道说什么是好。"

缺乏知识可怜，缺乏常识则可悲；如果教育用歪理邪说帮学生去解释道德的堕落，则很可耻。写作教学必须有正确的价值导向，培养学生正常的情感、态度、价值观。如果让学生自由地表达错误的价值观，而不注意培养他们的是非观念，那么，再强的表达能力都没有价值，有时还可能走向反面。

议论文写作教学中所谓的"自圆其说"，是鼓励个性化思维，鼓励创造性思维。通常是在思维方法、观察角度、评价尺度和表达艺术方面对学生做必要的指导，注重发展智慧，一般不触碰做人准则和基本道德，这个底线是不能破的。当然，也并非任何观点都可以运用修辞去"圆"，我们的语文教育不是要培养相面算卦式的铁嘴半仙，也不是要培养"永远有理"的不负责任的官僚。

20多年前，高中保送名额还比较少，我校有名毕业生在推荐保送时被检举作弊，全年级传遍了。这名学生多次作弊并非是为了保及格，而是要争高分和"积分"，以取得保送资格，并在保送生排名时取得优势。有学生联名检举了她，学校调查后确认检举属实，取消了她的保送资格。事后学校很重视监考制度的完善，每次考前都会进行纪律教育，凡是考试作弊的，一小时之内处分通知就会"上墙"。也就是说，有时考试刚刚结束，作弊学生一走出考场，就能在布告栏上看到处分通知。当时我就这个话题安排过一次讨论，一些学生发表的看法让我吃惊。我主张自由宽松的言论环境，于是有些学生发表了真实的想法。比如，检举作弊的同学是"告密"或"出卖"；检举人的动机可能是为了争夺那个保送名额，未必公正无私；被检举的同学如因此而考不上大学，那检举人就是毁了别人的一生；让自己的同学蒙受耻辱，不够仗义；为什么平时不敢制止别人作弊呢？……我听了感到有些学生思想混乱，以为那时刚刚经过"文革"，学校教育秩序还没有完全恢复，这么简单的是非判断也得靠老师去教。——我没有强迫学生接受我的观点，只是让大家辨析一个问题：无论如何，读了12年的书，"做人要诚实""考试不得作弊"是什么时候的教育？到了高三还要老师教吗？但我一再申明，我痛恨考试作弊，因为它破坏了这个教室里的公平。学生成绩差一些可以找教师帮助，教师也有这个责任，但如果学生靠作弊、靠弄虚作假对付学习困难，则是品格缺陷，学校必须有纪律约束，不得不"宁教一家哭，不让一路哭"，否则一个集体、一所学校，甚至一个民族，都有可能毁于法纪崩坏、道德无序。我无法想象，如果这些学生持那样的观点去作文，为了"圆"其"说"，要付出多大的品格代价！

我当时认为学生的错误观点不过是自由讨论时的一种试探，他们只不过是想借此测试自己的论辩水平，未必真的去做。后来有新闻报道了高校考试纪律越变越糟糕、中国留学生在国外作弊的情况，我由是想到，基础教学必须重视学生的价值观建设。如果我们的教育教学连常识都不敢坚守，写作教学连基本的是非观都可以不顾，我们的教学又有什么价值呢？前几年，学校又有几名学生考试作弊时被教师发现。对此，学校仍然很注意保护学生的自尊，决定处分时非常谨慎。但有教师告诉我，仍有一些学生认为作弊是"作业太多"，甚至认为"评比时老师也作弊"，还说"学校哪一天不作假？"有些同行说了更可怕的现象，在一些学校，教师竟然指导学生如何作弊——他们在指导应试作文时，让学生背"范文"，背了"范文"有什么用呢？据说可以利用阅卷人的疲劳和疏忽"混到'中高'以上的分"。既然课堂上可以这样"名正言顺"地教学生"取巧"，那学生还有什么不能做的？

　　没有正确的情感、态度、价值观，学生在作文中就会用不负责的态度看待一切重要问题。他会认为许多有关法规政纪、社会公德的话题是无事生非，是小题大做。比如，他会说："其实酒后驾车没有什么了不得的，关键是酒量要好。""撞死一个人，也赔了几十万元，只要以后接受教训就行了……"基本的价值观没有了，简单的道德判断也不要了，辨明是非的能力变得多余；什么都可以"娱乐"，什么都可以"戏说"；严肃认真地分析问题会被认为"活得太累"……不健康的社会风气也严重地影响了青少年的写作观。

　　一个人接受母语教育，却没有敬重与爱，对什么都"无所谓"，推托"说不清"，那么他的语文表达能力是用来做什么的呢？没有是非观念，也就不可能产生有价值的判断，当然也不会重视他人的见解，他的写作自然也就没有什么价值，他也不可能真正地热爱写作。所以每看到学生学会用"这也行，那也不错"敷衍成文，不讲是与非，便每每感到教学的无趣。我想知道的是，怎么会有这样的结果？"文革"时期早已过去，教师也不应当逼迫学生就社会道德现象表态，可是，一名学生在接受过教育之后，没有对真善美的向往，没有对人间真情的感奋，没有对败坏社会道德的现象的批评意识，怎么可能有真情实感的写作？

所以，课程标准中提出"情感、态度、价值观"，非常有必要。

培养学生评论世事的能力

近年在教学中发现，很多高中学生对世事缺乏必要的关注，即使是社会普遍感兴趣的问题，他们往往也缺乏敏感，对事理也难以做出有价值的分析判断。原因并不复杂，过重的学业负担和升学压力，造成一些学生不太关注社会。我曾和一些高校教授讨论过同样的问题，他们说，现在的大学生比以前"听话"，很关注个人前途，自我意识比较强，但是思维品质并不高，缺乏批判和质疑精神，给他们上课时往往觉得"没劲"；而到了硕士、博士阶段，学生就更不大可能在导师面前就学术问题发表不同见解了。

前些年曾数次听闻女大学生被拐卖的新闻，而时下新闻也不讳言从事传销的人员中有相当比例的在校大学生。如果不仅仅从道德层面去剖析，那剩下的就是青年在思维能力方面的问题了。他们究竟是从什么时候开始丧失判断力的？

学生在哀叹写不好议论文时，往往忽略了身边发生的事，而社会几乎每天都会发生万众关注的事件，每个星期都有热点新闻。按语文学习最基本的道理，学生，特别是高中生，应当有对世事发表评论的热情，因为他们正处于最有激情、最有血性，也最无所畏惧的年龄。我甚至认为，即使他们说错了什么也不要紧，因为他们在学习。"循规蹈矩"的教育最终有可能让学生丧失思考和评论世事的能力，也丧失批评的自信。如果学生面对社会风气，忘记自己的责任，随波逐流，认为什么都可以"绕过去"，那么就丧失了基本的是非观、价值观和判断能力。一切都不值得关注，一切都不值得议论，小小年纪就走向虚无，这样的学生提起笔来时，他的"审题""立意"和"表达"能有价值吗？

社会问题关乎人的命运，人的遭遇也会折射出社会问题。学生的个人经历，应当引发他对社会的关注。比如，他上这所学校是有周折的，考分离录取线差了一分，他为这一分付出了巨大的代价：父母为他交了三四万元的择校费，还托了人情，受了不少冷遇，看了不少白眼；他进了学校，受到歧视，老师背后称他"择校生"，同学同情他"倒霉"；父母虽然不断地鼓励他，但也说过"运气不好"……他分明对此想了许多，也想到了社会的许多不合理，可是，他却从未发一句议论，而且有的教师还不太主张他去想这些问题。

食堂是学生在校生活的主要场所，对一个接触外界不多的学生而言，他可能会有更多的观察和思考，因为以小见大，处处能反映出道德教育的缺失：就餐纪律不好，以前是高年级插队的多，现在低年级学生也敢插队；教师付同样的钱，食堂给的菜更多；学生倒剩饭，教师也倒，每天三大桶……可是学生没有批评、分析。他们说"习惯了，就是这个样""写了也没有用"。

我对学生说，现在应当是你最敢于对世事发表个人意见的年龄，现在是你养成独立思考习惯的最佳时期，现在是你学会说"我认为"的时候，你的起点如果是"不作声"，以后的几十年你会是个什么样的人呢？

学生最终是要走上社会的，一个没有评论世事能力的人，在社会上往往只能扮演庸众。对世事缺乏独立思考的意识，缺乏选择与判断的能力，也就意味着他很难对社会做出更有价值的贡献。这是大而言之。小而言之，他以后也很难成为具有教育能力的家长。

十多年前，有一回和学生聊作文，问学生："中国有个'关心下一代工作委员会'，把'从娃娃抓起'当作重要的教育策略，你从幼儿园上到高中，被'关心'着，也被'抓'着，对这个问题，你有没有深入的思考？"几个学生瞪大了眼睛。第二个星期的随笔中，他们分析了这个问题，思考很深入，有个学生认为，"上行下效""上梁不正下梁歪"，不良习惯可能出现在少年儿童身上，根子往往却在成人世界，要"关心下一代"，但不能本末倒置，社会也要"关心上一代"……经常启发学生去面对这样的问题，他的思维能力就会不同一般，他思考问题的视角就会变得独特，他的分析就能有深度，他自然也就有可能比一般人富有智慧。一个学习群体中，有学生之所以能享有威信，往往并不是因为他的敢作敢为，而是因为他思维上的理智和深刻。

难道让学生在作文中对世事发发议论，天会塌下来？

辨析信息，去伪存真

教育的主要目的是教会学生思考。写作能使人获得愉快，也能让人变得聪明。作文的过程必然是思维的过程。如果作文没有了问题意识，没有了来自思维的灵感，没有了自我表达的激情，那的确是一件枯燥无味的事。以议论文为例，立论和论证，无一不靠积极思维，需要理智和聪慧。对一则材料或是一个问题，如果能不断地问出"为什么"，不仅可能产生有价值的思想，也能在这样的思考过程中积累宝贵的人生经验。

20多年前一次高二语文期末考试，我出过这样一道作文题，材料来自当时的两则新闻报道，编成题目时做了压缩。

××市消防支队全体官兵学英雄，见行动。他们想群众所想，急群众所急，为群众利益出生入死，在所不辞。一年来，为抢救人民生命财产，他们紧急出动800多次……受到群众的好评。

××市公安局民警×××在多年的反扒工作中练就了一双火眼金睛，仅去年一年时间，他就在公共汽车上抓到4400名小偷。

对此你有什么见解？你将发表什么样的观点？

那次考试，约有一半学生文章的立意是"向英雄学习""学英雄，见行动"，骑驴下坡，观点现成，就事论事，流于一般。作为期末考卷中的作文题，这道题难度并不大，然而习惯做简单判断的学生无话可说。只有三分之一的学生敏锐地发现"材料有问题"，这些学生并不因为材料来自新闻报道而照单全收（20多年前，学生获取信息的主要渠道是报刊宣传），他们质疑："消防，应以'防'为主，而不是焦头烂额地去灭火。这个城市的消防部门是该表扬，还是该批评？""一个城市的小偷竟然会有那么多！这个城市的治安有问题。"——对世事敏感，能以独立的视角全面地审视材料，这样的立论和论述体现了这些学生分析、思考问题的深度，考查出他们的思维水平。

那次考试结束后，有教师说："你们出作文题真大胆，打中写作教学的软肋了。"学生则说："以后不能顺杆儿爬，要多动脑筋了。"教师说"大胆"，指的是注意引导学生接触社会，让他们学会从新闻材料中辨析真伪、说真话、说实话，让他们辨析"曲突徙薪亡恩泽，焦头烂额为上客"的思维模式，看到好大喜功却顾此失彼的"宣传病"。学生说"多动脑筋"，指的是要学会独立思考，面对纷繁复杂的社会信息，提高自我辨别能力，用全面的、发展的、联系的观点去分析和解决问题。

一道挑战传统思维模式的作文题，引发了学生对以往作文经验的反思。这次写作经历，也能开启他们的思维，使他们学会举一反三、温故知新。此后我们常在作文中看到学生用新闻例证来说明问题，如某某社区搞环境卫生，"一次就清理了垃圾100多吨，拉了30多卡车"；又如，"某市扫黄打非战果辉煌"，以及"终于铲除了这个为害一方十多年的犯罪团伙"，等等。对于这样的新闻，学生就能比较理性客观地做出分析。

经常让他们去辨析这样的材料，启发他们学会正确的思维方法，让他们学会深入地思考问题，而不是浅尝辄止，让他们学会换个角度看问题，而不是让思维习惯性地停留在一个固定的方向上，最终的目的是让他们养成独立思考的习惯，提高思维质量，看问题既有深度又有高度，而不是人云亦云，只会简单地复制、演绎他人的观点。机械模仿，简单复制，是"大脑印刷术"，不是语文教育的目的，以那种模式复制出来的作文是没有价值的。

20多年过去了，随着改革开放的推进，宣传报道也有了较大的改进，可是一些似是而非的新闻仍然大量地出现在生活中，一些错误的宣传观念也没有得到纠正。学生生活在纷繁的社会中，错误的信息不经大脑过滤，全盘接受，积久必定会形成错误的思维方式，而他的思维一旦定型，想要纠正就会很困难。

我们可以在班集体中看到这样的现象：从学科考试得分看，一些学生并没有优势，然而这些学生读书多、善于思考、逻辑推理的能力强，能够根据逻辑分析和经验，推断出事物可能的发展，从而做出有价值的判断。我在教学中多次发现，有些学生对数字的敏感和判断能力远远超过一些教师。比如，有教师说起"我国银行人均储蓄达到××万元"，学生立刻就能指出这个数字根本不可能，是因为"中国还有七八亿农村人口"，"部分还存在严重的贫困"；他们对有关"农村义务教育""农民医疗保险"的相关数据很关注，因为他们很想做出判断。他们还能从事物的本源上去分析原因。在前些年关于"中学能否取消文理分科"的讨论中，北京有位高一学生寄给我一篇作文，她根据自己掌握的信息，辨析不同观点，毫不留情地批评专家的意见，结尾是这样一段话：

我也赞成给文科学生增设"理综"常识课程，给理科学生增设"文综"常识课程，从兴趣入手，从简单入手，从使用入手。用这样的方法提高综合素质，我个人认为比取消文理分科好得多。还有一点，近年来，学科间综合的趋势确实在增加，有些学科跨文理，有些学科边缘化，更有像地理这样的，明明高考算"文"，大学里又算"理"，搞得想学地理的学生很痛苦。面对这种具体问题，取消文理分科不是办法。我认为，可以考虑在高中除文、理以外再分出一个综合科来，或是让学生从理、化、生、史、地、政中任选三门对自己今后发展有用的或感兴趣的学科，这样那些以后准备考跨学科的学生们会少一些痛苦。

我看了这段议论后有些惊讶，一位高一学生已能这样自然地说出

"我认为"，这样的素质来自她的广泛阅读和深入思考。她能够坦诚地发表自己的观点，足见其对教师的信任。

一个人学会了辨析信息、正确地判断，文章的思维含量就高了，也就不会满足于去简单地证明诸如"近墨者黑"和"近墨者未必黑"、"知足常乐"和"不知足者常乐"之类的常理，他需要有些挑战，他会在学习、生活和工作中有更多的发现。我们经常可以看到，学生在能力上的差异，绝大多数表现在思维方面。经常关注外部事物，了解事物发展的动态，可以更多地激活思维、启迪智慧；而固守书本，固守课堂，不关注社会，不接触外部事物，思维则很难提高。

谁让你不看报纸

作文大赛现场，讨论命题，有位评委命了一个"读报"。于是有了一番对话：

"就两个字？"

"就两个字。"

"什么意思？"

"已经说清楚了，读报。"

"读什么报？"

"不知道。"

"这是个题目吗？"

"当然是的。"

"这种题目能写好吗？"

"当然能写好，我可以写给你看。"

…………

问话的教师站在学生的角度质疑，也许他们对学生是否会写这样的题目存有疑虑；出题的教师却认为"读报"完全可以是一个题目，他认为一个有阅读能力的人在接触报纸后会有许多值得抒发的感想。两种观念的分歧，在于是否要把"读报"当作高中生应有的阅读能力，是否要鼓励学生养成读报的习惯。这本来不是一个非得讨论的问题，然而，即使是在现今生源比较好的学校，教师和学生也都把精力用在应试上面，未必有读报的风气。现今的报纸种类相当多，市民报纸尤其多，可是读报的学生不多，会读报的就更少了。

生存于现代社会，学生应当比以往任何时期都需要获取信息。如果忽视现代社会的信息资源，忽视个人生存的环境，语文阅读能力和表达能力也就毫无用处，徒成摆设。课程标准所要求的"对自然、社会和人生有自己的感受和思考""能考虑不同的目的要求，以负责的态度陈述自己的看法，表达真情实感，培育科学理性精神""在生活和学习中多方面地积累素材，多想多写，做到有感而发"（2003年版）可能也无从说起。

我和同事们有这样的经验：如果有学生在作文中能联系一点儿近期的社会新闻，那往往是"脑子活"、能力强、性格开朗的学生。2009年底，在省高中生作文大赛中看到一篇《说"相信"》，作者纵横古今，上引下联，侃侃而谈，在一篇文章中所引用的竟是十天内的多则新闻，这就在四五十篇同题作文中显得抢眼。很多高中生发议论，多是从常识到道理，从原理到原则，"空对空导弹"飞过来、打过去，而这篇作文的内容最"新鲜"，读者看了会觉得这是个明白事理的人在写文章，是个有读者意识的人在写文章。

通过读报了解一些时事，"事事关心"，对提高思维能力是很有作用的。有些新闻，作为信息不能全盘接受，却可以成为提高批评能力的一种学习资源。有读报习惯的学生评价能力往往比较强。2009年江西省高考作文题，是就"圆明园兽首铜像拍卖"事件中福建商人蔡铭超的表现谈自己的看法。很多人批评了这个题目，认为命题有欠公平，"对城市学生有利"，理由是"农村学生不读报"，信息量的掌握不如城市学生。我认为这种批评有失公允。以此类推，以后如果作文题目涉及农作物，涉及土地，是不是会认为"农村同学讨便宜"呢？作文题的材料已经提供了可供思考的基本信息，这对所有考生而言是公平的；如果要说有什么不合理，至多是一些关心时事的学生可能留心了报上的相关评论，了解了各方观点，在发言时有更多的可以参考的资源。文题的材料已经把事情经过大致说清楚了，可能不宜再用"城乡信息不均衡"来说事。差异只在于：平时看报多、注意接收信息的人更有把握一些，而对此信息不予关注的人写起来可能要吃力一些。如果说完全无从下笔，那就是学生基本能力差，或是教师教学存在问题。同样，我不理解的是，信息时代，世界已经变得很小，只要有获取信息的意识，渠道极多。在关注社会方面，说"农村学生不读报"或是读报能力、读报习惯差，是对农村学校教育的偏见，甚或可以说是一种歧视。我的经验是，城市学生也不一定能讨到便宜，因为相当多的学生只关心娱乐新闻，对时政并不关心。因此，让那种对"圆明园兽首铜像拍卖"一无所知，只知埋头读书、考试并自以为"走遍天下都不怕"的人稍稍经受点儿考验不是什么坏事。当然，更应当对不让学生关注社会、关注时政的教学提出批评。

那么，是提倡并发展学生关心世事、时事的热情呢，还是保护那些两耳不闻窗外事的学生？也许不用多说了。我在平时的教学中，经常注意考查学生对世事的关注，特别关注他们的评判能力。在作文指导课上，我也经常引用即时的新闻做评论。让学生评论时事不是为了评判是非，而是借这个过程，学以致用，启发学生依据一定的信息开展分析、思考。比如，我出过这样一道新闻评论题：

阅读下面的新闻，写一则评论。

去年曾在四川地震后前往灾区做过志愿者的网友"夜色漫漫"近日来到地震重灾区北川，想帮助灾区孩子们实现一个愿望。当他向北川中学的学生问起什么是他们最大的愿望时，孩子们不要书，不要礼物，他们只说："想见周杰伦哥哥。"3月23日，网友"夜色漫漫"在某论坛上发帖，号召网友们帮助北川中学的学生实现这个愿望——见大明星周杰伦。网友议论纷纷。

请发表你的观点。

对这件事，仅仅用十多个字发表一个观点就能完事？我记得很多同学的评论既针对现象，更注意探究社会根源，既激烈又富有理性。教育的目的是要教会学生思维，如果学生懂得自己的脑袋不是敞口容器，知道一切信息都需要经过自己的思维过滤，对所接受的信息要有评判的能力，那还有什么能难住他？

同样，如果学生会看报纸，把读报作为思考的过程，对外部信息能做出自己的分析，能形成"自己的看法"，并有表达的智慧，你还担心他不会写吗？

王栋生　作文教学笔记

NOTE

要让学生去思考一些大问题

高考结束，又一届学生走进了大学。无论是教师、家长还是孩子，大家都如释重负。

然而我依旧忧心忡忡。我觉得，语文教育的任务完成得并不好。2011年江苏省的高考作文题是"拒绝平庸"，这个用意当然是积极的，可是当今之世，怎样才能让一名高中生"拒绝平庸"呢？在应试教育的影响下，在学校"考取名校比例高"的宣传下，在教师从入职开始就搞"排名次"的重压下，在家长拼命灌输"成功意识"的威逼下，在学生之间竞争多于合作的氛围下，在媒体记者追逐报道"高考状元"的风气下，在政府部门以升学率为"政绩"的规则下，你让学生从哪里入手"拒绝平庸"？

青年富有思想生机，他们没有束缚，没有桎梏，没有所谓的历史积淀，也没有所谓的阅历，所以他们能像孩童一样说出"皇帝其实什么也没穿"。很多重要的假设和创新，都是青年提出来的，或是杰出人物在青年时代思考出来的。他们不怕失败，除了一腔热忱，他们一无所有，因此也不怕失去什么。很多先贤能在学生时代就发表卓越见解，这方面有许多例子，我们的教师知道的应当比学生更多。

在和学生的接触中，我经常感到，那些关注国计民生、能思考一些大问题的学生，思维品质往往胜过教师。他们的作文，有自己的独立思考；他们看重的是真实思想的表达，而根本不在乎分数。

这种自由的思想，正是振兴民族的希望所在。

国计民生，当然应当去关心；考试制度，当然可以质疑；世界事件，当然可以依靠相关知识背景去分析。世事纷繁，要会剥茧抽丝；不平则鸣，也要有原则和智慧……这些，也是青年的学习任务。还需要指出的是，"想大问题"和"做小事情"并不矛盾。

如果不准思考，那学写作做什么？

现在的应试教学，真的既能让学生两耳不闻窗外事，也能让学生不读圣贤书。因为如果读了圣贤书，肯定也该"家事、国事、天下事，事事关心"的，这难道不是人所皆知的常识吗？这不正是要"语重心长""谆谆教导"的吗？怎么一到具体问题上，全都弃之一边？这种"教育"岂不是"伪教育"？

中国人怎么能不知道中国的事？

应试教育很难培养合格的国民。教育要培养有思想的一代人，否则民族很难振兴。让学生只死记课本知识，只接受一定渠道的教育，不让他们自觉地了解、讨论国家大事，反对他们关注民生，反对他们探讨大问题，是对民族未来不负责的态度。我们也看到，一些学生在发议论时，很像《新闻联播》的话语方式，这并不能证明中学生写不好议论文，只能证明议论文写作教学存在重大缺陷，需要寻找解决的途径，加强议论文写作教学，也正说明语文课程标准的要求是正确的，需要认真对待。

认为学生写不好议论文就可以不让他们写，进而不教，这种观点不值一驳。当然，我们也看到，相当多的教师，包括高校教师甚至一些学者，也像是不会发议论。很多教授在正式场合，即使有心里话也不会（或不敢）表达，很多常识性的话也不敢直言，见到官僚除了重复谀辞，就是陈词滥调。是他们没有见解吗？应当未必，但是他们往往既无胆识，也无智慧，否则中国高等教育也不至于像现在这样遭人诟病。

我工作的这所学校原来是中央大学附属中学。1932年，中央大学复校时，罗家伦在原来的校训"诚朴"后面加了两个字，变为"诚朴雄伟"。我的学生读到这则材料非常感奋。我认为，十七八岁的学生就得狂一些，就得写出些大气磅礴的话来，就得去碰一下中老年人"不敢碰"的问题，因为如果他们在这个年龄不敢于去想，那以后只有两种可能：一是永远像牛一样被人牵着走路，二是到了老年幡然醒悟而悔之莫及。

青少年如果在这个时段也不敢直面问题，以后注定是平庸之辈。因为他不敢直面问题，也就丧失了思考的动力，也就不可能培养发现问题和探究问题的能力。他很可能从此成为一个人云亦云的人，因为没有主见，在困难面前也就不会有什么办法。无能虽然不一定腐败，但无能一定会导致落后。

青少年的视野应当广阔一些。我在批评一些学生的小气时举过一些例子。比如，我曾以"智子疑邻"为话题要求学生作文，有一位高三考生写"二模的时候，我一块心爱的橡皮不见了"，便怀疑是同学偷的，于是疑神疑鬼，情绪大坏，并试图报复。后来那块"心爱的橡皮"又在家找到了，于是这个学生"明白了一个道理"，如何如何。——高中生写出这样的文字，不是幼稚，是丢脸，很可耻。

这个年龄的学生有兴趣也有能力思考大一些的问题。在这方面，一些国家的做法应当引起我国教育界的思考。

法国的高中毕业会考分文科、理科、经济社会科，各科的作文考试都是三题选一，三题中均有一题为名著解说。

以下可能是2001年的毕业会考题：

文科：

1. "我是谁？"这个问题能否以一个确切的答案来回答？

2. 能否说"所有的权力都伴随以暴力"？

3. 试分析休谟论"结伴欲望和孤独"一文的哲学价值。"'结伴'是人类最强烈的愿望，而孤独可能是最使人痛苦的惩罚。"

理科：

1. 能否将自由视为一种拒绝的权力？

2. 我们对现实的认识是否受科学知识的局限？

3. 试分析卢梭论"人类的幸福、不幸和社交性"一文的哲学含义。卢梭说："我们对同类的感情更多产生于他们的不幸而不是他们的欢乐。为共同利益联系在一起的基础是利益，因共处逆境团结在一起的基础是感情。"

经济社会科：

1. 什么是公众舆论能承受的真理？

2. "给予的目的在于获得"，这是否是一切交流的原则？

3. 试分析尼采论"罪行与犯罪"一文的哲学意义。作者在文中提出问题：舆论在了解了犯罪动机和作案具体情况后，即能遗忘错误。这种现象是否有悖伦理原则？

而2010年毕业会考的题目有："对于真理的追求是否可能没有利害关系？""为了给自己一个未来，是否应该忘记过去？"（文科）"艺术是否可能避免（不要）规则？""快乐取决于我们吗？"（理科）"某些科学真理是不是有可能是危险的？""历史学家的作用是否是评判？"（经济社会科）——从这些题目上可以看出，考查的都是议论能力。

也许有人认为欧洲教育基础好，没有可比性，那就再看2007年的新加坡高考作文题（任选一题）：

1. 科学提倡怀疑精神，宗教信仰镇压怀疑精神，你对此认可多少？

2. 中国崛起对世界的影响，请评论。

3. 哲学只是提问而并不回答，为什么还要学习它？

4. 海外留学是一项被高估的经历，你认为呢？

5. 阅读幻想小说只是对现实的一种逃避，除此没有任何其他意义，你同意吗？

6. 全球变暖会如何影响今后的政治？

7. 外国人给你的国家带来的问题比他们带来的利益多吗？

8. 现代社会里生活和工作的平衡到底是不是一个实际的追求？

9. 讨论一下生活中自我约束的价值。

10. 电脑游戏到底是一个多健康的追求？

11. 在全球化的世界中只会一种语言绝对是一项劣势。

12. 我们崇拜年轻人而嘲笑老龄人，你对此有什么看法？

这12道作文题涵盖学生必须接触的社会政治、人文、自然科学和艺术等领域，意在考查学生的分析能力及独立见解。这些命题都来自社会生活的各个方面，一名受过高中教育的青年对这些问题都应当有所思考，同时，这样的命题思路显示的是母语教育的基本要求。记得我在语文课上展示这些题目时，学生极感兴趣，有的还很兴奋。如果说我所在的学校生源较好，那不少所谓"薄弱学校"的老师也对此表现出极大的兴趣，并和学生一同讨论，就更能说明问题了。因为这样的作文题能真正培养和发展学生的思维，更符合母语课程的教学要求。

不要低估高中生的思维发展水平。我在北方一所名校访问，和一群高一学生交流。有位学生说："我最大的痛苦在于，人们明明知道一件事是错误的，是经不起历史检验的，可是所有人都不敢点破，都装作很努力的样子认真去做。虽然这件事没有价值，可是因为有利益诱惑，于是校长、老师和家长乃至全社会都这样……我感到孤独。"这名学生流着泪说这番话时，她的校长、老师和同学就站在一边，大家都为她的话感动。为什么一些学生会有苦闷和孤独感，往往是因为他们的思想已经走在了一般人前面，他们已经觉醒，有理智，具备了发现问题的能力。如果教师思考问题的能力不如他们，就很难成为他们的"范"。

写作教学要引导学生关注社会，关注自然，关注自我。学生最重要的写作资源来自他的个人生活，来自他对社会、对人生的思考，他的见解也许不成熟，也许没有什么实用价值，但这是他的学习过程，是经过他自己的思考产生的结果，而不是鹦鹉学舌似的复制别人的话语。如果仅仅因为学生"写不好议论文"就让他放弃对问题的思考，就让他去编造那些虚假可笑的故事，就让他去学习无病呻吟地抒情，就让他去追求虚幻无聊的表达形式，以此暗示他贬低自我，让他变得孱弱无能，最终只能培养出一批没有思想、没有自尊、只知跪在地上听指示和师训的精神侏儒……

　　法国学者勒庞在《乌合之众：大众心理研究》一书中批评某类学生："从小学直到离开大学，一个年轻人只能死记硬背书本，他的判断力和个人主动性从来派不上用场。受教育对他来说就是背书和服从。"——有这样的学生存在，是教师的失败；有这样的风气存在，是教育的失败。

以公民的姿态评论时事

有教师认为学生不会评论时事新闻是因为信息不畅，对社会所知甚少。这种情况可能在一些地方存在，比如，"封闭式管理""军事化管理"的学校，为使学生"免受干扰"，绝对不让他们知道外面的风吹草动，甚至星期天也不准他们回家；有的学校为向社会表明自己并非"高考集中营"，而是"素质教育基地"，有时晚上七点会让学生看看《新闻联播》，但不等开始播放天气预报就立刻关机，其他诸如看报、上网等，一律禁止；有些学校甚至连《新闻联播》也不愿给学生看。如果问一些学生对社会重大事件的看法，他们经常一脸迷茫，如桃源人不知有汉。

学生能否保持对社会问题的敏感，能否对时事发表见解，可能还取决于教师的识见。能做到"风声、雨声、读书声，声声入耳；家事、国事、天下事，事事关心"的学生，才可能成为有见识的人。

20世纪80年代，改革开放初始，教师感到麻烦的是不知如何回答学生对社会现象的疑问。开放的时代，前所未有的社会变化引发了青年的思考，而学校教育没有做好相应的准备。比如，个体户出现了，有人发了大财；个体摊贩的服务比国营的要好，进口货比国产货质量高……学生接触社会信息的渠道并不少，许多的"新"潮水般涌来。再看社会上青年的动向：奇装异服出现了，靡靡之音响起来了，有人在公园里跳交谊舞了，男性披肩长发出现了，有人敢穿泳装（还不是比基尼）照相了……总之，以当年学校传统教育的尺度，根本无法招架。教师的一双手总蒙不住几十名学生的眼睛，教师也不可能有那样的"预警能力"

（那时候几乎没有教师出过国；领导干部有资格出去，也会自觉地戴上有色眼镜）。可是学生童言无忌，他们看到什么、听到什么都要评论。比如，有学生在随笔中写到"没有一家国营商店的服务比得上这些个体户"，对此教师不能总是批个"不要以偏概全"，因为这是学生从自身经历得出的结论，他可以找出很多依据来支撑自己的看法，即使有偏颇也并不重要，他以后会做出自己的判断。

回想30年前的社会，恍如隔世，变化实在太大了，那么教师的写作教学观念有没有什么变化呢？"文革"中语文教学的任务除了教学生识字，很大程度上是教学生艺术地说假话，充满激情地说空话，而不可能教他们判断、评论时事的能力。

学生是否有能力评论时事，首先取决于他有无公民意识。我们的写作教学似乎很少涉及这方面的问题，甚至也很少有人去想这个命题。实际上，作为青年，他们已在课本上学过公民的责任与权利，他们有参与社会活动的权利，也有参与社会活动的需求，同时，他们还有评论时事的权利，应当以公民的姿态去评论，只是他们评论的智慧需要培养，如同社会责任感也需要培养一样。特别是在当下社会，合作与发展要求人具有高度的综合素质，否则无法面对飞速变化的世界。批判思维能力，是创造型人才的必备素质；评论分析时事，表达个人见解，要对别人负责，对社会负责，也对自己的名誉负责，这是现代公民应有的素质。在教学中，我们看到一些学生并不在意自己的观点能否被教师认可，他们不习惯被约束，总认为个人自由高于一切，因而会忽视写作的社会责任和应当体现的教养。教师可以在适当的时候，启发学生认识这样的原则：个人有言论自由，但是必须"负责地表达"，不能"娱乐化"——你可以幼稚，但不能粗野。

指导学生评论时事，要讲究方法，引导他们注意尽可能充分地占有信息，对信息做筛选，客观分析，以理服人。但是，我逐渐感到，最重要的，是尊重学生发现的事实或真相，而不是闪烁其词地指导他们"一分为二"，教诲他们"辩证地……"——以往的教育之所以失败，可能就因为无视学生观察到的事实与真相，而用"瞒和骗"让他们丧失发现和思考的乐趣，使他们放弃对事实和真相的探究。在这方面，有些教师是不自觉的，有些教师则是自觉的。

有学生在随笔中写假期旅游见闻。他路过三个县级市，见到政府机关大楼奢华气派，而公共设施却破败不堪，公厕污秽，有的道路甚至没有路灯。该生写道："外国的政府不叫'人民政府'，但公民可以自由出入参观，甚至进去上厕所；我们的一些政府大楼，市民连靠近都不准，却叫'人民政府'。"他的评论虽然简单，会令官员们难堪，可是他写的是亲眼所见，并无夸大或诬蔑，官员可能很难讲出什么"合理性"来"说服"他。我在评语中写的是"这篇随笔中写的大体是事实"。我的考虑是：在这次评价中，重要的是保护他言说的权利，肯定他的观察力，这比教会他"发展地看问题""辩证地看问题"要更有价值、更有意义。如果出于某种担心，禁止学生谈论这样的问题，那"观察"什么、"思考"什么呢？

这里，只是培养学生"言说"的意识，之后还得教他们"讲道理"。现今学生评论社会现象，"摆事实"并不难，他们获取信息的渠道有很多，但"讲道理"的意识并不强，也许他们单纯地以为"事实胜于雄辩"，却不知道，若要令人信服，需要多角度看问题，以理服人，不能"不讲理"。

有新闻称某小学生为攀比，将生日宴会办在五星级宾馆，宴会结束后又相约去打高尔夫球。有学生评论这则新闻，言论过激，认为少年儿童中间出现这样的现象，"民族没有指望了"。我在讲评时说，我无权干涉家庭的消费规格，但对12岁的小学生如此"消费"这一事实，如能从社会学、教育学角度评论一下，可能比简单地宣泄情绪要有价值。学生冷静思考后，做出了这样一些推论：小孩子的这类"习惯"是受家庭和社会影响的，现今电视台从晚会到广告都过于追求奢华，小学生自然耳濡目染；学校活动也追求"排场"和"档次"，教师的聚会经常安排在高消费场所；学校教育中缺乏人性教育，部分教师人文素质不高，缺乏悲悯与同情，无视社会的苦难与创伤……同样，学生也指出，"小学生生日宴会攀比"这类事并不普遍，但值得教育界警惕，值得全社会关注；一个走向现代化的民族如果追求奢靡的生活，不但会丧失发展的机遇，而且会造成文化价值观的扭曲与堕落，导致民族素质下降，最终"没有指望"。——事实与结论之间有什么样的关系？观点必须经过这样的思考、分析与推论，才能为人所接受。

教学生评论时事，能推动他的积极思维。网络上经常流出一些时事照片，这些照片往往让学生看到一些"内幕"，比如会议代表听报告打瞌睡的照片。我多次在随笔中看到学生的相关评论，往往也只有三两句话的不屑与调侃。我理解学生的不满。在一个追求文明进步的时代，该如何有智慧地分析这种现象呢？不久前网络上流传着一张照片，这张照片上，新的政协委员姚明周围十多个人都东倒西歪地睡了，唯独姚明在专注地倾听。这个画面极有趣味。我和一名学生谈到这张照片，有如下一些对话。

我问："委员们为什么会在开会时睡觉？"

学生说："没有责任心，有可能因为娱乐较多；也有可能报告人水平很差，导致听众没有兴趣；或是连续开会，陈词滥调太多，缺乏新意，委员们知道不该睡觉，但会议时间太长，困了。"

我又问："姚明为什么没睡？"

学生说："他是个有教养的人，懂得尊重别人；他是运动员，身体很好，不需要午睡；他第一次出席这种会，还有点儿好奇心，想了解这个报告人在说些什么；他比一般委员'目标'大，作为公众人物，他知道媒体的长焦镜头已经对准他，在等他打瞌睡。"

我继续问："这张照片还反映了哪些问题，你又得到了什么启发？"

学生说："有些会议很多余；有些委员没有责任感；有些会议发言没有价值，开会发言要短，要有文采，要有创新意识；教师上课时要体谅学生的难处；公众人物要特别注意形象；要换位思考……"

如果他还能对那些要出席无数类似会议的人们生出些同情，庶几可算世事洞明、通情达理之人了。

社会上每天都会发生新闻事件，都会披露各种社会现象，学生每天接触这类信息，必然会有这样或那样的反应。他是如何思考的，他有没有想到应当去探究原因，他会不会推测事物发展的各种可能，他能否考虑到事件会造成的影响，他能否从中获得某种启示，他将怎样做出自己的分析，还有，他有没有去思考：对同一事件，为什么人们会有不同的视角和评价……写作教学要利用这些去拓展学生的思维，让他们学会全面、深刻地剖析现象，举一反三，养成冷静观察、理性分析的好习惯，庶几在未来的社会生活中可以少犯错误。不能让学生与社会隔离，正相反，教师要利用社会这个课堂去教学，让学生去思考社会问题，发表见解，这样的写作，才能培育真正的公民姿态。

议论文材料的"金库"

　　经常听到老师们叹息，说批改议论文时，对学生不会用事例论证束手无策：一个班四五十名学生，举的例子都差不多，而且都是老一套。比如，论勤奋必定说谁，谈锲而不舍肯定提谁，呆板到一无可看。记得有一年我带高一，上课讲评作文时，忽然来了许多外地老师要听课，而我那节课真不想让外人听，但既然大家远道来了，也就不见外。我让一个小组11名学生轮流读自己的议论文，我站在讲台前，什么话也不说，让他们自己感受。第三个学生读到"哥白尼"的事例时，已经有同学笑了；到第六个"哥白尼"出现时，听课的老师已经忍俊不禁了；该第11个学生读时，他站起来说："老师，我能不能不读了？我也……"全班同学大笑，听课的老师也都笑起来。怎么会有那么多"哥白尼"？我真的不明白。请想，改两个班的作文，一晚上遇上几十个"哥白尼"，有可能梦里也有"哥白尼"，教师的精神能不崩溃吗？

　　教师的指导能不能多点儿智慧？

　　议论文的举例分析，为的是证明观点，增加说服力。事例与观点是否吻合，是最重要的。其次是力求"鲜活"，"不要陈芝麻烂谷子"，论勤奋必搬出悬梁刺股、囊萤映雪，论发现肯定是瓦特的水壶盖、牛顿的苹果——这些众所周知的材料已经没有任何新鲜感。可惜的是，仍然有不少教师在教学中把这类材料堆积起来给学生，市场上的教辅资料也仍然把它们列入素材库，这样做会使一些埋头应试、不抬头看社会的学生自以为得到了作文法宝，其实是害了学生。

教师期待学生在议论中能运用"鲜活"的例证，那么，"鲜活"的作文材料哪里来？

了解一些时事，了解一些身边的事，利用自己的经验做一些自己的思考，这种事，难吗？我曾要求学生按照这样的要求去做，学生认为并不难，他们认为难的是如何"粘贴"。

其实，对一个会思考的学生来说，"粘贴"也不是难事——他不是等到"用"时才开始思考！有经验的老师都会发现，那些爱读书、爱思考、见多识广的学生在分析问题时常能左右逢源，他们阐释生活、融会贯通的能力明显高于一般学生。聪明人之所以富有智慧，不仅是因为他们能想人之所未想，也是因为他们能超前一步，想人未及之想。

针对学生找不到合适的例子这一问题，教师要有具体的指导方法。学生笔下无物，和他们的阅读量不足固然有一定的关系，但是，能否举出一个恰当的例子并分析，取决于眼力，而眼力取决于独立思考的能力。如果能引导学生勤于思考，他们"发现"的机会就多一些，即使阅读量有限，也不至于山穷水尽。不说其他，从初一到高三的语文课本也是个宝库，关键就看教师会不会引导学生去"挖"。20多年前，我听于漪老师给中学生做读书报告，两个半小时，她说的全是语文课本上的内容，只是加上了她自己的理解。即便如此，一篇报告还是为学生展示了一个新的"库"。其实以现在的眼光看，当时语文课本的内容是有很大局限的，然而，素养高的教师，在学生面前展示更多的是思考的方法。

中学语文教材上有200多篇课文，学好了，读通了，领会了，也是作文例证的"金库"。中学阶段学过的古文有近百篇，就以这些作为作文的材料库，深度开掘，也够丰富的了。像苏轼的《石钟山记》、王安石的《游褒禅山记》、韩愈的《师说》等，既是好文，也是好例，如果直接把苏轼的"以小舟夜泊绝壁之下"、王安石游褒禅山洞的半途而废、庖丁的"目无全牛""游刃有余"等用作对有关观点的实证分析，则是另一种"鲜活"。经典作品的启示，不完全在于作者阐释的理，也在于他们发现的过程和智慧的表达。更多的契机，还在于会不会"联系"。如《五人墓碑记》写到"匹夫有重于社稷"，如果把它和《曹刿论战》中的"肉食者鄙"结合起来，用以论证"天下兴亡，匹夫有责"或是"人民创造历史"等观点，则是经典的例证；《记王忠肃公翱事》中王翱的清正廉洁，是用以对比、评说世风的好材料；《训俭示康》一文，有一组现成的身居官位而勤俭为本的例子，等等。这些内容，加上必要的分析，可以作为作文的例证，有的本身就是作文的好材料。现今的作文论题很多仍是评说思想作风、方法道理的，前人的文章可以借鉴，并可以给我们新的启发。

既要会"联系"，还要会"挖"。《荆轲刺秦王》一文，何必只是把它当作刺客故事？如果论述"疑人不用，用人不疑"，可以从中找到反面的例子；如果用以论述徒有虚名而难成大事，分析秦舞阳的"色变振恐"也能说明问题；而"荆轲怒，叱太子曰"一句，深入分析，则可以用来做做其他文章；看看荆轲的行止，他与一般刺客的不同又在哪里？对《廉颇蔺相如列传》的传统解读中，赵王被忽略了，他能不拘一格用人才，委宦官的门客蔺相如以重任；廉颇的爱国精神一点儿也不逊于相如，却经常被人遗忘……读书时能有这一类的发现，并把这种发现移用到写作上去，写作材料的"金库"将会变得更加充实。教师在指导阅读时，可以联系写作引导学生思考、积累。我在阅读教学中有个习惯，即经常把自己的发现也说上几句，有些学生会顺手记在书上，日积月累，也会有一些自己的心得，因而在论证时也不大会愁笔下无例。

防止写作的模式化

有一次作文课上问学生："你们有没有做电视连续剧编剧的能力？"学生好奇地望着我。我说："剧情开头是这样的：有一家大型企业快破产了，来了一个有志改革的厂长……"学生一听就乐了。我接着说："下面呢？你们接着编！"教室里热闹起来，学生你一句我一句"接龙"式地往下说，有的争论起来，有的节外生枝，要求"插叙一集"。半节课不到，一部有相当水准的电视连续剧出笼了。此后我提供的"故事"还有"一名海归回到了当年生活的城市……""清末，一尊千年玉佛从宫廷流落到了民间……"然而，不管故事开头有多奇特，学生都能群策群力，七嘴八舌，很娴熟地"传写奇事"，毫不费力地凑出一二十集的"国产电视连续剧"。

如果我的学生真的掌握了电视连续剧编剧的秘诀，真的具备了可以到央视混饭吃的水平，我也未必有多兴奋，因为那些每天坐在电视机前的男女老少也可能有这样的能力。那些按一定模式编出的剧本既迎合人们的喜好，又影响人们的思维，久而久之，他们的思维便固化成只能接受种种既定形状的"箱子""盒子""套子"。印度人爱看电影，早先印度电影流行"七首歌两个舞"的模式，时间长了，有些剧情不一定适合用"七首歌两个舞"来表现，于是观众就经常很不高兴，在评论时会埋怨"为什么多了一个舞"或是"竟然少了一首歌"。

学生能不能凭着那种"悟性"去文艺界混口饭吃，我没兴趣，我思考的是：学生作文的"模式"是从哪里来的。

学生写作初始，教师打高分的作文代表了"赞扬、肯定"的态度，这是学生模仿、效仿的开始。要求教师在讲评时不提供值得肯定的佳作，并不现实。当此之际，聪明的教师会注意提供不同的范例，启发学生的创造思维，肯定学生创造的热情（哪怕只是一点点），丰富值得借鉴的"样本作文"的形式，而不是让学生凭借单一模式去做简单演绎。

几乎所有的小学生都写过"有意义的一天"，即使那一天没有什么"意义"。如果他能"挖掘"，能"改编"甚至"编造"，都可以蒙混过关。"意义"也是一种模式，过早、过多地讲意义，既滥且假，贻害无穷。我给小学作文竞赛打分，感到吃惊的是：半个世纪过去了，他们的作文模式和我小时候的差不多，表现手法竟然也没有多大的差异！稍有不同的是，他们已经不再渴望为革命事业献出生命，成为烈士，而常常只是希望能考出一个好成绩报答父母。我在读这些作文时，竟至于有些绝望，情不自禁地想起早年"大批判"的模式语言——"难道我们的生活是这样的吗？"

教师要开拓学生的创新思路，引导学生注意一些不同寻常的写法，让这些"另类作文"干扰"模式"的形成，激活学生对生活的发现，激活学生诗意的表达。

比如，学生写学习道路上的"起伏"，通常的模式是"重铸辉煌"。他们会写自己如何重新振作，"东山再起"，最后名列前茅，又得到什么什么称号，令老师和同学刮目相看，"把失去的一切重新夺回来"等，恶俗不堪。这类题材的作文往往有成熟的思路或曰"套路"，一般人看了前面就能猜到后面的故事。有一年批高三作文时发现一篇《生活的浪花》，是一位原先被同学戏称为"三高"（高分、高能力、学生会高级干部）的学生写的高中生活。作文用大篇幅写自己处在"谷底"时从迷茫到觉醒的过程，结尾是这样的："虽然我没恢复到'高分、高能'，虽然我的成绩又有过起落，虽然后来我只当过一次三好生，虽然我最后的职务只是小组长……但我每天都在尽自己的努力，我站起来了！"其实在我们的生活中，多数人并不"辉煌"，也并不想"辉煌"；过于注重"辉煌"，不但没有感染力，也显得庸俗。我在讲评这篇作文前，想到这并非"大胆构想"或"不走老路"，而恰恰是生活的真实。我多年在高中任教，很多学生的学习成绩并不突出，三年的生活也很平静，你要让他写教师所认为的那种"意义"，他没有，也"挖掘"不出来，只能乱编；而教师鼓励他写出真实的想法，或许反而能看到真实的、活生生的"这一个"。那位学生用朴实的叙述，让读者看到了人的情感变化，看到了一个人慢慢地站立起来的过程，所有看过那篇文章的人都对"后来我一切正常"留下了深刻印象。和那篇文章的作者一样，大多数学生的生活从没有什么"辉煌"，他们的故事也很平常。而平常，也值得好好去想，好好去写。

模式最平庸，最无味。看新闻报道，记者总是不厌其烦地介绍人物在工作岗位上的诸般不易、所遭受的艰难困苦，以突出"模范"之称，而模范人物也全像是从模子中倒出来的。然而，世上的每种职业真的都那样艰难，都那样没有乐趣吗？比如，我半生当教师，我觉得这个职业适合我，可是记者却要把我的工作写得艰苦不堪，我活着还有什么乐趣？看了报道，还有什么人愿意来做教师？这种思维模式不但影响青少年的写作，也会让他们从此漠视劳动而耽于享乐。

请看下面这道作文题：

电视节目主持人采访节日仍在上班的人："在祖国人民都在过节的时候，你们仍然坚守工作岗位，请问你是怎么想的？"铁路工人说："为了广大旅客，我们做出一点儿奉献是应该的。"医生说："我们要全心全意为病人着想，虽然不能与家人团聚……"士兵说："向全国人民问好，为了保卫祖国，我们愿意做出最大的牺牲。"……可是有位演员却没有豪言壮语，他说："我没觉得自己有多高尚，这本来就是我的工作，没有什么可说的。"

请发表你的看法。

    "节日坚守工作岗位"是新闻采访的传统选题，它的基本模式几十年不变，听众、观众耳熟能详，但是，这位演员回答"这本来就是我的工作"，实际上已经把前面模式化回答的价值全部消解了。这种有意思的回答偶尔出现一次，就能令学生一下子醒悟。

    教师可以经常用这类题目启发学生去思考，同时，教师在写作教学中也要有所反思，这样才有可能逐步突破已经固化甚至僵化的思维模式，让学生自由地思想、富有激情地表达。

"分析"，在思考中延伸

议论文写作教学中，常见的问题是相当多的学生"不讲理"，即只能"摆事实"，罗列几件事，不会针对问题做必要的分析。虽然"事实胜于雄辩"，其中必然包含着道理，然而毕竟也有看不透的"事实"，需要做分析，以理服人，否则就没有议论的必要了。

有学生对我说："老师，我这篇文章的观点还是对的吧？我只是没有分析而已。"以前我没有什么教学经验，总是安慰这些学生："观点是对的，只是分析不够。"后来发现，这样评价不妥，效果不好。没有分析，或不会分析，即便观点对，也经不起质疑，三两个问题就能弄得破绽百出。学生如果用"只是没有分析"宽慰自己，就永远不知道怎样发议论，也无法学会分析问题。因为他作文的观点很可能是凭直觉得出的，可能是"从众"，也可能是来自写作材料的某种暗示，他未必有自己的理解；而缺少必要的分析，读者也就无从了解他立论的依据，自然也就谈不上有什么说服力。为什么很多中学生的议论文没有可读性？为什么他们总是只能反复议论一般常识，以"频频出现关键词"敷衍成文？除了表达刻板外，也常常因为教师提供的论题不需要多动脑筋。他们的思维经常在一个平面上滑动，缺乏多角度、深层次辨析的动力，也缺少挑战自我、质疑设问的意识。

我常叹息议论文写作教学的低效：教师用尽心机，学生仍然无动于衷。在一个全面变革、信息大量涌来的时代，在一个需要思考、判断和选择的时代，有这么多青年漠视思考的重要，不知不觉间丧失了思考的动力，这是多么奇怪的事！教学的目的是教会学生思维，写作教学能没有思考吗？

我们经常看到一些学生在作文中只会"表态"或宣泄情绪，只对事情做简单判断，而不做必要的分析；在谈话交流中，往往也只是陈述经过，忽略其中的问题。有高中生在作文中批评他所在的学校为抓升学率，制定了许多严苛的规定，比如有些老师告诫学生"不准在任何时间看任何小说"（这里面竟然也有语文教师），如见到有谁看小说，立刻没收并通知家长。我问该生对这类问题如何看，学生回答"说不清"。——"说不清"，也就是说，他觉得有可能"各有各理"，不需要辨析，"辨也辨不清"，而没有看到这种有悖常识的教育方式对一个人的情感、意识的伤害。如果我们要求这名学生写一篇有关"人与书"的议论文，他会有什么样的观点呢？他又如何做出"分析"呢？我问这名学生："你提到的这些老师，他们在文学阅读方面有什么特征？"学生说："这些老师好像都没有什么文学修养，许多经典作品不但没读过，还闹过笑话，至多看看流行的电视连续剧，空闲时间会在电脑上'淘宝'……"其实学生已经观察到了"现象"，如果他能进一步思考深层原因，就可以发现"读什么样的书，以后就会成为什么样的人"。那些禁止学生读小说的老师，是不是在自己的高中阶段也曾遇上不准看小说的老师？从这个角度去思考，是不是更能看出功利主义教育的危害？如果一个人认为"学好数理化，走遍天下都不怕"，那是他个人的可悲；如果他当教师，他的"不怕"就令人恐怖了。——当学生只知道在文章中宣泄情绪时，必须教会他这样抽丝剥茧，精于剖析，以发现事物的真相。

对学生更多的"启思"是在日常生活之中。

每有新闻报道"见死不救"，对中小学生的心灵都是一种伤害；而如果负面新闻过多，又没有准确的剖析，则无疑会成为一种暗示。有一次批改作文，有名学生在作文中抨击见人落水不救的看客，言辞极为猛烈。我多评了几句话："在岸边当看客的，未必没有救人的愿望，也有可能是不会游泳，没学过救生知识。你会游泳吗？"我在作文讲评时提出了这个问题，所有的学生都感到意外，因为全班的确没有几个人会游泳。在对话中，有学生指出：有关见人落水不救的新闻经常有，见多了，人反而变得麻木，甚至觉得"见死不救"就是常态，没有思考价值；也少有记者从其他角度，比如"救人能力"方面提出问题。我的回答是：不能因为大众媒体不提，就认为个人的思考没有价值。见人落水不救，这种事在发达国家较少，除了宗教传统和爱心，可能也和国外青少年游泳运动的普及程度高有关。可以作为佐证的，是此前二三十年，抢救落水人的事也平常，同样和当时中小学开展游泳训练有关系。如今在城市，游泳成了比较奢侈的体育活动，而在应试教育的高压下，中学连正常的体育课都无法保证。——我们在批评人们缺乏爱心的同时，可能更需要注意提高自己帮助别人的能力。仅仅有爱心，却缺乏帮助他人的能力，也只能徒增遗憾。

有位心脏外科大夫曾对我说："对一名医生来说，医术最重要，因为仅有爱心，不但救不了人，很可能还会给病人增加痛苦。比如，医术不精的医生做一个手术需要六小时，而我做同样的手术只需要三小时，即使我的服务态度有些问题，病人仍然会选择我，因为胸腔被打开的时间越短越好。"他的话我虽然没能全听懂，但他提出的问题非常实际。云南有位中学校长举债在学校建了标准游泳池，他说的是："我要让每个学生都学会游泳，这可能比他们的学科成绩更重要。"——当我把上述材料介绍给学生时，他们很受震动。经过思考与分析，原先简单的问题包含的深刻开始全面地展现在学生眼前。

由此延伸，更多的问题出现了。我们告诉社会，教育的目的是"教会学生生存"，但是，目前的教育模式有利于学生在未来社会"生存"吗？高一新生军训，只不过是几天的队列训练，家长心疼孩子，挖空心思编理由代孩子请假；有些学生缺乏锻炼，每周升旗，站立十分钟就会倒下；每年的春游和秋游，教育局怕出事故，便规定"不准出城"，许多学生从小学到高三，都没有随班级到过郊外……这样的教育是"以人为本"吗？这样的教育是"高素质"吗？这样的教育是"人民满意的教育"吗？……当学生开始收集更多的相关资料时，他们可能已经不再简单地纠结于对"见死不救"的批评，而学会了全面地分析问题，同时开始思考"怎样提高生存能力和帮助他人的能力"了。

教师不要拿孤立的问题让学生就事论事，而要尽可能地做必要的延伸和思考。我们从"众人围观，见死不救"的现象说开去，目的不是要引出一大堆同类的事，做出一律的判断，而是要深入剖析一种现象，寻找可能的各种结论。这样的活动未必要在一次教学中完成，也许过了一个月，也许过了一个学期，教师仍可以引导学生再次关注同类现象。这时候，学生会有新的发现，会有思考积累，而新的信息也会促使他们做出新的分析。南京曾发生过一起闻名全国的"彭宇案"，一名青年因扶起一位倒地的老妇反而被诉，法官的判决书中有"依常理"的表达，逻辑是"不是你碰倒的你就不会去扶；既然你去扶了，就必然与你有关"。——判词中的这个"依常理"经媒体传播造成严重的社会后果：很多地方传出见到老人跌倒不敢相助的丑闻，引发了严重的道德危机。两年后，深圳的两名高三学生在路上抢救了一名摔倒的老人，这位老人摔倒后，同样有人围观而不敢援之以手。两名学生所在的学校大张旗鼓地给他们发了奖金。对这件事，学生会有什么看法？有学生说，做了原本正常的事却被当作英雄，对这个民族而言，是不幸的。话虽然也比较深刻，可是能不能做出更深层的分析呢？我鼓励学生刨根问底：为什么见义勇为会成为新闻？为什么尽了义务就会被当作英模？为什么大家都觉得他们勇敢？为什么学校坚持要这两名学生接受奖励？……总之，事情没那么简单。为什么一起案件会造成那么严重的后果？大是大非问题能不能"调解"？道德沦丧能不能"和谐"？司法公正的重要性究竟体现在哪里？……学生通过这样几个案例的分析和联系，能初步认识到：一些事物的背后，有一个广阔的复杂的背景，有形成的历史渊源，很多现象并不是简单孤立地存在的。

　　越是敏感的问题越容易锻炼思维。会思考，才会分析。就一个问题延伸思考，直到详尽地占有资料，对得到的相关信息能进行筛选鉴别、分析思考，并做出自己的判断，这样一种基本能力，对于学生今后无论是走上社会还是继续学习，都是必不可少的。

怎样才能"深刻"

常有学生问："文章怎样才能'深刻'？"也偶有学生会问："什么是'深刻'？"我有时被问得笑起来。我本以为到了高中，学生的综合思维能力得到发展，判断能力得到提高，不会有这样幼稚的问题。可是，现在的学生独立思考意识不强，阅读积累不足，也缺少论辩的机会以磨砺思维，一旦听到深刻之论，或是目瞪口呆、如梦方醒，或是肃然起敬、自愧弗如。高中写作教学，应当把"见解深刻"作为一种基本能力去追求。

所谓见解深刻，就发议论而言，往往体现在敏锐的洞察力和入木三分的分析能力上。具体而言，也就是所谓的能透过事物的表象看本质，能从芜杂的信息中筛选有效信息，去伪存真，揭示问题产生的原因；能独立思考，确立观点，立论有高度，分析问题深刻透辟；能想人之所未想，言人之所不能言，能预感到事物发展的趋向与结果，议论精当；等等。难吗？并不难。这种能力是在日常生活和学习中逐渐培养起来的，总而言之，是一种综合能力，也应当是一种基本能力。

曾有教师说"议论文写得好的学生难对付"，这句话的意思，并非不喜欢议论文写得好的学生，而是指这样的学生思维敏捷，看问题有深度，教师在教学中往往要多费一些脑筋才能满足他们；教好这样的学生，对教师的教学能力也是一种提升。很多教师都有这样的体验：一个班几十名学生，学习成绩有高低，但在同学中真正有威信的未必是成绩最好的学生，而往往是思维能力强、见解深刻的学生。这样的学生一般是班集体的核心，他们的权威不一定低于教师。

我们今天能接触到思想深刻、有个人见解的学生，得归功于改革开放。如果不是开放了思想禁区，语文教育只能停留在一个很低的水平上。现今学生的很多作文，放在20世纪50年代末至70年代，都会被视为离经叛道，有的甚至会株连教师。所以"韩寒"只能出现在20世纪末，他要是早20年发表那些言论，会被当作不良少年送到应当送的地方去。我们更应当认识到，为适应时代和发展的要求，基础教育理应培养出更多的善于思考的青年，而不是唯唯诺诺的考试机器。然而如今有独立见解、思想深刻的学生并不多，这和应试教学的威压有关，与落后教育观念的桎梏有关。不是每个有学习能力、有才情的学生都敢于放弃高考诱惑的。曾有几位学生对我说，他们在高考作文中根本不敢畅所欲言，也不敢表达一点点不同于世的见解，原因是"一辈子就这一次，赌不起"。

学生能否有深刻的见解，很大程度上要看他能否遇上有独立思考意识的教师。我仍然认为，没有疆界的自由思想是发展学生思维的天地，而重视人的思维发展的教师才有可能成为真正的启蒙者和引路人。

教师需要不断地向学生提出难题，激发他的质疑精神：事情真是这样的吗？有没有其他的可能？有没有更合理的解说？这样的观点能否经得起历史的检验？……无论如何，不要让思想停止在一般人感到困难的地方。正因如此，不能用浅近的问题去训练学生，而要用稍微复杂一些的问题去激发他们积极主动地思考。

下面这篇自由作文《〈××市无人售票车乘车规则〉质疑》写得很有意思，十年前我在作文讲评时，对这位学生的作文大加赞赏。从这里摘录的一部分文字，可以看出作者"透过现象剖析本质"的能力。这位16岁的女生认真地看了这个乘车规则，发出了自己的声音：

其一，这一规则的内容是否公道、平等？我指的是规则中所明确的公交方和乘车人之间的权利与义务是否平等的问题。乘客持月票上车或上车购票，即与公交方形成了有效契约，双方自然有各自的权利和义务，而且应当是平等的。但是请看此规则，共四条14款，几乎全是对乘客的戒律，"不准"这样，"严禁"那样，条目清晰，违者则依据这个"法"、那个"规"，"一二三四"加以重治严罚。……

其二，这一规则的语言是否文明？仅以第一条为例，仅仅百余字，竟有一个"应当"，两个"严禁"，八个"不准"，真是声色俱厉；综观这一规则，竟无一"请"字。请君读两遍前文提及的"概不退款"一段，字里行间，分明透着"横"劲儿和霸气。……

其三，这一规则的定位是否准确？如前所说，公交方和乘车人各有自己的权利和义务，要立规则，也该是一个体现双方权利的规则，何以搞出一个仅针对乘客的东西呢？现在这个乘车规则又不仅仅针对乘客，比如"车站前后30米内不准摆摊设点"这一条，对乘客而言，可谓风马牛不相及。什么都想管，也不问是不是自己该管的；什么都没管好，因为什么都想管。规则折射出的这个问题，也许是存在于不少部门中的带有普遍性的问题。

行车、乘车都要有规矩，这是毋庸置疑的，谁都不反对。只是有些为国家办事的人，一不小心就把自己当成了"国家"；有的执法人，一不小心就把自己当成了"法律"。于是常常一不小心就露出令人生厌的嘴脸来，这才是问题的症结所在。（高二张欢然）

文章从三个方面入手评论，虽有几分咄咄逼人，但目标明确。作者针对这个《规则》，发出了三个疑问：一疑公平与否，二疑礼貌与否，三疑"定位"准确与否，而要害在最后出现，"有的执法人，一不小心就把自己当成了'法律'"。她就这样"层层剥皮"，把人们司空见惯的规则看出了破绽。中学生社会经验有限，对有些法规还不甚了解，但这篇文章的主要精神是无误的。一个爱读书、善于观察、勤于思考的人，他的"直觉"往往会比一般人更敏锐。文章在论述上也许还有不足，有些表述还有待商榷，但作者有深入剖析问题的意识，她能从人在一个公共法则中所处的地位去考虑问题，这就比一般人思虑深刻，她所提出的问题也就很有价值。她之所以能发现规则的不合理之处，是因为她的敏感，这种敏感来自她的知识和能力的积累。我在讲评时说，如果她以后有机会竞选人民代表，估计能赢得选民的拥护。

作文立论、分析是否深刻，常常也在于能否学会"透过现象看本质"。教师在指导学生思考问题时，一定要提醒他们：不要轻易在别人停下思考时也停下来。当今之世，各种思想、各种观点纷繁复杂，人们往往只注意中学生辨析问题的能力有限，总是把他们视为受教育的对象，却没能注意到他们有对问题怀疑与批判的动力。教师作为引导者，要经常启发学生对复杂问题做深入思考，要能引导学生关注事物在光怪陆离的包装下真实的一面，要善于探究事物的来龙去脉，在纷繁复杂的事物面前保持清醒、保持理性。教师在教学中不妨多讲讲丧失思考的教训。当年有本《哈佛女孩×××》风靡一时，媒体推波助澜，创下了数百万册的销售奇迹，无数望子成龙、望女成凤的家长买了这本书教育自己的子女。一名中国学生被世界著名学府录取，的确很幸运。我在教学中启发学生思考，他们提出的问题有：一个学生的才智水平是不是一定要通过上哈佛大学才能得到证明？在应试教育盛行的中国，这样的一本书会起到什么作用？这本书将会在中国读者中产生什么样的影响？哈佛是美国的大学，美国本土每年考取这所大学的人，或他们的父母，是不是也会写这样一本书？他们是不是会买一本《哈佛女孩×××》这样的书去看？……两年后，当《哈佛女孩×××》成为笑谈时，我的这些学生已经去研究、质疑更多的问题了。

深刻，就是在不断的质疑中实现的。在质疑的过程中，很多思维被激活了，很多门被一一打开了。

学生"会说话"有什么不好

根据学生的提问水平，能判断他基本的学习能力。我每次接新班，起始课总要请学生说说对学习语文的期望；听一二十位学生说过，大致就可推出这个班可能会出现的教学状态。令我关注的是学生口头表达反映出的能力差异。一些学生能从容地问出一个让大家都感兴趣的问题，而另一些学生非但问不出有价值的问题，措辞也不得体，也有学生一脸茫然，不知教师为什么想听他的意见……学生的阅读量和口头表达能力，有可能决定他下一阶段学习力的发展，小学如此，初中如此，高中也是如此。高校的情况我不了解，但是，中学语文的"底子"，可能是学生一生学习的基础，也有可能是其一生的最高水平。所以在中学时代，教师要尽最大努力提高学生的表达能力。

当然，之所以表达能力有差异，除了阅读的底子和语文能力不同外，性格因素也不能忽视。我的教学经历中，多次出现过这样的情况：学生的书面表达能力尚好，但是与他人交流有障碍。有的学生会说："老师，我说不清，我还是写在随笔中给你看吧。"与此相反，有的学生很爱与教师交流，反应敏捷，口若悬河，然而作文能力却一般。这是很奇怪的现象。其实如果课程设置和教学方法、评价方式能改革一下，这种差异是有可能缩小的。

我经常考虑的是：学生在走上社会后，表达能力对他们的生活与工作会有什么样的影响？他们将如何与他人交流，如何与他人一起找寻共同的乐趣？未来社会对人的表达、交流能力的需求会有什么样的变化？

他们将如何在社会生活中获取各种信息，如何享受交流的乐趣？等等。一些学生毕业时，我也直言相告，希望他们注意提高语言表达能力，要能勇敢地陈述自己的意见，不能认为人微言轻就放弃表达的权利；既要准确地表达个人观点，又要考虑他人的接受能力，学会有分寸地表达，学会有诚意地沟通。我认为，如果无法在教育阶段启发他们提高相应的能力，那就不得不告诉或告诫，至少让他们记得，语文教学有这样的要求。

现今很多学生缺乏表达的欲望；教师对学生个人意志的表达，往往缺乏必要的鼓励，教师自己也过于拘谨。这两方面的互相影响，是导致作文教学成为教学难题的原因之一。

中国世俗社会尊崇状元文章，但是对一个人的口头表达能力，往往缺乏应有的尊重。民间往往把口头表达能力差的人称为"忠厚人"，汉语中的"不善言辞""沉默寡言""拙于应对"等，未必是对一个人语言表达能力的贬低，而"能说会道""伶牙俐齿""能言善辩"又未必是对一个人语言表达能力的赞扬。甚至对学生，教师往往也会评价说："某某'会说话'，说起来一套一套的。""这个学生以后能做大事，你看，他从来不多说话。""某某学习不错，就是太会说。"——这样的评价标准，把"会说话"与"花言巧语""巧言令色"及"油嘴滑舌"混为一谈，对学生的表达、交流意识不可能有积极影响。

与此同时，另一种不良风气也影响了教学，即社会一度很时兴的"道德演讲"与"辩论赛"。这20多年，先有道德演讲家们天南海北地传经布道，口舌干禄，这种现象风靡一时，直到经济大潮涌来，才踪影渐消；之后受"学会生存"的影响，"培训师"遍地而起，传销秘籍，励志演讲；又有模式化的"××事迹报告团"，不说到听众流泪不罢休。而令人不解的，可能还是流行的"辩论赛"：不论是非黑白，抽签分正方、反方，和"对方辩友"比赛"口技"，专家评点，一决胜负，电视直播。论辩之"技"固然重要，然而这类比赛似乎无视"道"的存在，否则不至于一触及社会实质问题，便万马齐喑，哑口无言，连简单的是非问题也不愿触及，全成屠龙之技。古代也重视论辩，《战国策》就是一本实用的口语表达教科书、不朽的论辩精华与官场指南。战国时代的世相——聪慧与愚蠢、雄辩与诡辩、睿智与狡猾、高尚与奸邪，依旧折射在当今之世，而"论辩"仍然不过是"术"。把这种"辩才"当人才，是走到另一极，可能也会令人不安。如果强调口语表达能力仅仅是为了"考公务员"，为了获得一个高薪职位，为了成名"上镜"，那么，这种学习的意义很有限，也就没有必要去强调了。我们不能不看到，所谓口语表达能力不受重视、相关课程被误解，与某些负面现象不无关联。

培养学生正常的表达、交流意识，提高口头表达能力，是语文教育的任务。

善于表达、写作基础比较好的学生，有许多在幼年得到过鼓励或暗示，比如他们的话语表达经常得到师长的肯定，或是无意间的一句话令家人感到惊讶、快乐，抑或是叙述一件事引起了周围人的兴趣，等等。类似的经历，使他们乐于表达。在开明的教育环境中，他们能坦然地敞开内心世界，以激情表达自己的意志。这样的学生不仅性格开朗、抗挫折能力强，也有应对困境的机智。富有表达智慧的学生，往往也能注意倾听他人的谈话，懂得赞美他人，肯定他人表达的合理之处；他们能委婉地表达不同的意见，尽可能理性地分析他人议论的合理性，在非原则的问题上敢于妥协或放弃。

在阅读和倾听中，这样的学生比一般人会有更多的发现。语文课上，讲到文学或生活中令人震撼的细节，一些学生会很激动；每当我说起那些不朽的诗句，总会有学生热泪盈眶。我因此想到，他是一个情感丰富、人格健全的人，还会有更多的东西感动他。一名经常被经典所感染的学生，会用生命去追求美的境界。

换个角度看，我也就比较能理解青年，明白他们为什么会对流行歌星的演唱如痴如醉，疯狂呼喊。虽然歌星的嗓音未必悦耳，他们声嘶力竭演唱的，可能只是翻来覆去的几句话，然而他们富有激情，对生活在枯燥平庸中的学生而言，也许算得上"精神的起义"；在某些场合，激情与疯狂能点燃大部分听众压抑的情感。——我在说这些感受时，学生大笑，他们可能认为上了年纪的老师终于了解了青年的心。

在这个问题上，不能不提教师的作用。教师的"传道、受业、解惑"靠的是言传身教，教师必须是优秀的表达者。教师理性智慧的表达，能拨动学生的心弦。教师的言传身教，是有价值的示范，学生会从这样的表达中获得教养，也获得灵感。我认识一位朗诵特别好的教师，学生总是盼望他的语文课，在他的课上，如果他沉默了，教室一下子便静了下来，学生期待着，像是在等待激情之火的喷发，像是在等待即将传来的天籁……

如果教师的语言修养不太好，表达没什么激情，不善于言辞，组织教学就会有困难。不仅语文学科，所有的学科教学，都需要教师有很强的表达能力，甚至需要"有魅力的表达"。如果学生在中小学阶段，接二连三地遇到沉默寡言型的语文教师，非但他的语文表达能力难以得到有效的提高，他的性格、兴趣都可能受到影响。倘若教师自身表达能力不强，但能明白语文教育的要求，对教学有客观的态度，能努力用自己的教学启发学生去追求，在与学生的交流中表现出诚恳和尊重，在他的课堂上，学生富有激情的自觉表达能够得到肯定，学生能够逐渐适应他，那么他的教学同样是有效的教学。

"序列化"为什么困难重重

最好的写作教材，是教师根据教学对象的实际情况精心开发、融入个人创造的教材，这个道理，很多老师都明白。同样，教师即使有最优秀的教学方案，也难以一劳永逸，因为学生的积累及学习状态在变化。可以发现，随着社会的发展，学生的写作观念也在变化；写作的一般知识，学生可以通过更丰富的渠道去了解并掌握。

20世纪80年代，一度有许多老师研讨"作文序列训练"问题，有的具体提出过"阶梯式训练""三步十八法"等，主张循序渐进，一步一个台阶（有的台阶多达五六十个）；但同时，也有刊物介绍"快速作文法""快速构思法"等。语文界也像纷乱的江湖，令很多老师茫然失路。

只是"序列法"喊了多年，莫衷一是，僵在那里；应试教学的"作文速成法"则大行其道，把原本就比较脆弱的写作教学"序列"进一步颠覆了。到处有"高考作文专家"鼓吹急用先学，立竿见影。天下趋利，谁还在意那个"序列"？1999年全国高考命出了一道话题作文——"假如记忆可以移植"，于是当年小学高年级学生竟然也被要求写话题作文。一些青年教师曾很期望有个"序列"，能够按部就班地教学，然而一遇高考，成王败寇，他们也不得不丢下那个"序列"了。

"序列训练"本身有缺陷。学生起点不一样，阅读经验不一样，积累不一样，写作的兴趣也不一样，用"序列训练"，难以因材施教。有些学生根本不需要教，他们在小学就学了"观察"，就学了"选材与立意"，也知道要"构思新颖""合理剪裁""流畅与自然""本色表达"，等等。

这样的学生上了中学则完全可能在大量的阅读过程中获取经验，而阅读是没有"序列"的。经过阶段训练，学生可能了解写作的一般知识，这些知识也有用，然而不可能指望学生学了这些基本知识之后就能学好写作，毕竟写作是实践性极强的思维和表达活动。"练"有些用，"训"则未必有什么道理。学生从小学阶段，不断地按规定"练"，不过是为了习得一般知识，训练基本能力；到了中学，不变革学习方式，仍然这样做，就值得商榷。听说有些专家主张高中写作也要"循序渐进""当堂讲当堂练"，我有些不解：12年的母语学习，12年的"训练"，究竟按照什么样的"序列""螺旋式上升"呢？高中生需要的是进一步拓宽视野，发展思维，提高能力。小学、初中和高中三个阶段，如果全按"序列训练"来教学，即使不受应试的干扰，每个阶段的教学目标可能也很难划分界定，而且教师也很难保证学生在每个"训练"环节上都"达标"。

20世纪80年代，我曾按教材"写作训练"的序列进行教学，但很快发现这种按部就班的"训练"不适合我的教学班。这个班的大部分学生已经基本掌握了选材构思、记叙描写、谋篇布局诸方面的要领；有两三名学生能写5000字的小说，他们需要提高的是议论能力，可是教材对议论的写作训练却安排在高二；而升入高二时，一部分学生的记叙能力仍然不强，有的几乎完全没有描写意识；部分学生只能"说清"，至于"说好"，很难。那一段时间，有两家刊物曾提供名师设计的"序列训练"，共有几十步，要"分步落实""步步落实"。我没有具体考察的机会，但我知道我不可能"落实"，因为我算过，按每周四课时安排，我得把学生教到"高五"才能完成。

教学的对象不一样，教师的教学体验也不一样。当年的统编教材，要照应的是全国每个年级千万名学生，如果必须制定一种训练方法，只能取其"中"；其他，或者适当降低，或者允许超越。学校有特殊性，统编教材不太适用，那么根据自己学校的状态，编一本校本写作教材可不可以？我在1997年曾不自量力，准备着手编一套"南京师大附中写作教程"，但很快就发现很难完成，因为我的思路不一定适用于所有班级（当然也不排除其他困难因素）。也就是在那时想到：即使存在一套"写作学"的知识体系，当它进入教学领域时，可能呈现的形式和步骤也会是不一样的。

主张"序列训练"的，目的是"达标""合格"。但是，在主张培养创造力、发展个性的教育中，"达标"与"合格"不能成为教学的唯一目标。我也希望有个合理的"序列"，或可满足一部分学校写作教学的需求，但看到各种自称正确的"序列设计"，却感到无所适从。"序列训练"不能满足一部分学生的学习要求，"序列化"还有可能制约一部分教师的教学创造，因而我主张具体情况具体对待。

旧时代，非但没有写作的"序列训练"，连教材也没有，甚至没有学校，靠着听、说、读，好多人也学会了写，而且写得比后来人好。这样的写作实践，我们不能忽视。今天，有相当数量的人完整地接受了基础教育和高中教育，几次接受了"序列训练"，却仍旧不会写；很多教师接受了高等教育，却仍然不会写，而且这类情况竟然相当普遍，在各种评比考核中，也看到语文教师"不会写""害怕写"。曾有学生给我看他以前的作文本，教师的评语竟然全是"中心突出""结构完整""语言生动"。有高中教师给学生的作文打"A、B、C"，有的甚至打两颗星、三颗星。是他们偷懒吗？我看不是，很可能是不会写评语。在一次职评考核笔试中，我们要求申报高级职称的教师用半小时对一篇优秀作文写一则200字的评价，近一半教师认为"不容易"，估计他们在批改学生作文时很少写评语。而有人认为这正是没有"序列训练"导致的，因为如果有既定的"阶梯"或"步骤"，教师便可以用现成的语句有针对性地写评语。比如，他在一个阶段可以只写"中心突出""中心比较突出"或"中心不够突出"；在另一个阶段，他则可以写"描写生动""描写比较生动"或"缺少描写"。——我不太了解有多少教师热爱这样的方式。

"序列"试验不下去，统编教材的训练步骤也难以落实。高校教授编的写作教程，无非是写作的一般知识，可论到"教学实践"就没有招数了。十多年前，曾有高校教师撰文否定"写作学"，写作学会的老师针锋相对，请我著文谈"写作有学"。可是我认真看了对方的分析，发现很难驳倒。写作如果有"学"，它的体系是什么样的？它在基础教育阶段又是怎样呈现并实践的呢？我问过很多教授学者："你们的写作能力是怎样'训练'出来的？"结果没有一人说自己是被"教"出来的，几乎都说是自己读出来的、"悟"出来的。写作学会的老先生问："按你们这种观点，那我们写作学会是不是没有存在的必要了？"我说，你们当然可以继续研究"写作学"，至于"写作学"在中小学教学实践中起什么样的作用，你们主张的"序列"是否重要，与"写作学"是否成立也无绝对关系。不遵从"序列训练"，也不能说明写作可以不学而会，而是我们应当更加重视学生的写作个性和需求。唐代有诗学会吗？有诗作教程吗？连诗人协会也没有，更别说写诗学习班了。我至今仍然认为，那些"能写"的学生，很少是老师"教"出来的，多数是他们在阅读积累上悟出来的，是有感而发的；教学所做的，就是在让他们通过大量阅读，获得一些写作的基本知识后，保持并发展他们的写作积极性，并在关键时刻给他们一些建议和帮助。最有效的教学，是在学生"爱写"以及"能写"时，给予必要的指导。

当然，在小学阶段实施作文的"序列训练"，让学生获得一些写作基本知识，可能是比较有效的。因为在这一阶段，他需要有一些"入门"知识，但是，发展的不平衡很快就会出现。学生对文体的兴趣、对写作内容的关注，以及阅读的积累各不相同，就会形成差异。需求有所不同，兴趣自然也就不同。

多年来，我一直在想，是否可以暂时把"写作学"放在一边，让学生自由地写，看他注意什么，看他写什么，看他需要什么，然后再考虑如何"教"他。比如，学生自由地写杂感，写散文，往往很"散"，没有段落意识，不足千字的文章写成20多段是常事。这时，教师就有事可做了。教师可以指导他注意用"合并""连缀""层次""顺序""删除"等方法，理清思路，整合段落。而如果一开始就强调"结构段落"，他很可能写不出那些有价值的话来。写作非一夕之功，有什么必要在一开始就告诉他"写作是一门学问""写作是一项系统工程"呢？不要急，慢慢来。

所以，我想，如果的确需要一本专门的写作教材，可能也没有必要用作课堂教学。比较好的方法是，让学生在课外自由地阅读，这样也许效果反而好一些。

有必要强调一下："序列训练"在某个阶段有作用，对某些教学班有作用，但没有必要作为唯一的选择。具体情况具体对待，教师一定要有变通的智慧。

为什么不要提过高要求

高考的前一天，有位老师把学生发给她的短信给我看。短信也不短，除了几句美好的感激外，有几句是关于作文的："这两天翻看以前的随笔，觉得三年来写作的进步很大。一是能认真地写了，二是留下了一些值得记忆的生活。"这位老师感慨地告诉我："在高考之前，学生对写作教学能有这样的认识，我感到满足。"我同意她的观点。写作教学的任务不是教会学生去"对付"或"应付"高考，而是让他们获得写作的能力与趣味。

我的一些学生将高中三年的随笔也尽量写在一个厚本子上（我认为这是很好的习惯），个别学生甚至把随笔写在初中没用完的本子上。他们也有过类似的体会。记得有一年高一结束时，有位学生告诉我："我比以前能写了。"问他："你说的'能写'是什么意思？"学生说，他一直认为自己算不上班里的"写手"，老师也从来没有表扬过他。有一天，他翻看初中时的随笔，发现当时每周随笔只能写三五百字，而在高一这一年，他每次能写1000多字，且意犹未尽，因而他认为自己的写作能力提高了，"能写"了。

这种"回头看"的方法，也许并不符合一些有"竞争意识"的教师的标准，他们可能认为这个要求过低。但我认为写作能力的提高首先要让学生有学习自信，让他们看到自己写作的价值，看到自己的进步，这是最重要的；其他诸如发表、竞赛获奖以及中考高分、高考高分，真的不重要。

初中三年或高中三年的写作教学究竟有多大的效果，凭中考或高考作文成绩根本不足以说明。能够说明问题的，是学生对写作究竟有没有新的感悟，有没有自我表达的激情与兴趣，有没有比较成熟的表达方法，以及能否拥有读者和倾听者。

因为有这样的教学目标，教师就不能操之过急。一位语文教师在他负责的教学阶段，不大可能把一位缺乏基本写作能力的学生一下子提升为写作能手。教师受过专业教育，写作时仍然有一定的困难；自己不容易做到的事，同样很难让学生做到。教学的节奏过快，就会欲速则不达，甚至适得其反。

教师在作文教学中坚持不提过高要求，不强调"全面"，也是正确的。有一年考察初中写作教学，看了几位教师批阅的作文，那些评语对选材立意、谋篇布局及语言表达诸方面都做了评说，除了总评，有些还加了旁批。我对此感到困惑。这些教师辛辛苦苦这样做，效果又能如何呢？三年的初中教学，写作练习近百次，为什么要在一次作文中提那么全面的高要求？要学生在一次作文中达到那么多、那么高的要求，可能吗？难道这是中学阶段的最后一课？难道中学只上这一次作文课？再说，初一的学生，是不是都要知道什么"谋篇布局""构思新颖"？

当然，我们不排除这样的可能，的确有学生的写作在诸多方面都明显高于一般同学，我们也不排除的确有下笔如神的"少年才子"，但正如行家说的，写作的天赋不可能是教师"教"出来的，而往往是学生"读"出来的。

遵循教学规律，坚持不提过高要求，需要教师的耐心。我的作文教学要求可能真的很低，很多时候，我甚至只想让学生高兴就行。

对一些特殊学生，我甚至不得不经常降低作文要求。

在我教的班，学生的写作水平参差不齐。有的学生高一时写作水平就很高，一节课作文，像是倚马千言，下课时能交上来三四页稿纸，洋洋洒洒，可圈可点；有的则像是小学生，愁眉苦脸，咬着笔头，下课时只能交上来一页多一点点，400字不到，而且不知所云。特别让教师心冷的是，有些考分不够、凭"关系"进来的学生，语文能力很差，几乎只有普通小学生的水平。我第一次看这几名学生的作文，心里是很难过的，每篇只有300字，全是空话、套话，没有任何实质内容，既没法把一件事叙述清楚，也不能把一个"看法"表达清楚。他们是怎样"通过中考"的，令人难以置信。虽然家长有权势，但学校收下这样的学生其实是害了他们，家长和学校都缺乏一种责任心，因为他们根本跟不上教学进度。（顺便说一句：社会腐败不但干扰教育改革，也一直在给教学改革增加这样具体的困难。）有教无类，教师不应当歧视这类学生，但设想一下，我们怎么可能"一视同仁"地教学呢？

当初每次批改他们的作文，按百分制标准，我只能给他们20分或30分，但这会对学生造成强烈的刺激，于是我一般给50分。然而，一名学生的作文连得三四次50分，他很可能彻底放弃。于是我有时打60分，让他及格。我想到，这名学生读完高中，很可能就再也不写作了，我还得努力让他在高中阶段能有一些学习写作的兴趣，于是，每次作文我都注意发现他那一点点微小的进步，比如，他知道要在叙述中插几句描写了，他能对一件社会新闻发表自己的看法了（虽然这个看法可能不一定正确），我都要写一两句鼓励的话。——实话实说，对于他的作文，我已经放弃了高一的作文要求，而采用初一、初二学生的作文标准。我已经清楚地知道，我不可能在三年内让他达到高三学生的作文水平。他进入这所高中时是不合格的，经过三年的"因材施教"，在毕业时能"写一篇不少于800字的文章"，而且"基本通顺"，我认为已经很不错了。对这样的学生，更要启发他和昨天的自己去比。

对那些能力卓异的学生，教师也要敢于打出高分，不能求全责备。有点教学经历的教师都知道，作文一般是不打满分的，满分仿佛只能打给那种十全十美的传世之作。我很少看到有作文得满分，即使江苏省每年有几十万高考考生，作文获得满分的常常只有万分之一。为什么"数理化"与"政史地"的作业可以经常获得满分，而作文就不能获得满分呢？学生对写作的畏难情绪和这种过高的评价标准难道没有一点儿关系吗？一处标点错误、一句有点儿别扭的话、一个可能需要修改的词，甚至书写不太美观，都可能成为不给满分（甚至90分）的理由。教师总觉得满分作文要完美无缺，恨不得达到课文那样的水平。有人形象地形容这种批改习惯是"咸鸭蛋理论"——腌制过的鸭蛋都会有一个"空头"，不会"满"，所以给学生一个90或95分，在中学，特别是高中，就是不得了的恩宠，学生要铭记一生了。

这种观念是不是真的有道理？江苏有位教师时不时给一些学生作文打满分，她认为这不过是学生的一次作业，不是经典范文，也不是比赛作文；打一次满分是对学生"本次作业"的肯定，可以让学生体验成功，让学生看到自己的进步，有兴趣去追求写作的快乐。她说得很有道理。我们为什么要把一个"85分"当作不得了的高分，而永远让学生觉得自己的文章存在缺陷呢？对作文教学传统的批改习惯，教师也应当在课改这个大背景下做一定的反思。

我的经验是，只要学生喜欢写，他的写作能力是完全有可能提高的。

教师如果能换位思考，可能就不会坚持太高的要求。不必讳言，大部分教师自己的写作能力不是很强，很多教师仍然视写作为苦事，他们的表达水平也未必有多高，他们甚至不敢"下水"和学生一同写作文。又如，教学机构组织论文、经验总结或课例评比，教师如果得了一个"三等奖"，就会觉得很没有面子。教师如果能将这种自我期待移用到对学生作文的评价上，也许就会明白，提过高的、不切实际的要求，很可能抹杀了学生原本就比较脆弱的写作期待。

写作教学能让学生"剩下"些什么

怀特海说过，一个人把在学校学到的知识忘掉，剩下的就是教育。那么，学生离开学校之后，能把写作"剩下"吗？写作教学究竟要给学生"剩下"些什么呢？

不知为什么，一些教师在写作教学中往往不由自主地把学生往其他地方引。有一回听课，一位老师在讲评学生作文的过程中，不断插入名家名作片段，让学生做对比。那些片段也许的确可称为写作经典，可毕竟也只是一段话呀，有什么必要让初中生奉为圭臬？再说，起始阶段就模仿名作，在构思表达上也很容易形成套路（比如，让学生写亲情，模仿朱自清的《背影》似乎易见成效，其实未必是好事）。更麻烦的是，这样做会让学生错误理解学习写作的目的，使他们以为每个人都得向作家学习写作。作家的写作是职业写作，和我们的课标要求不同；至于名家名作，可以作为语文学习的材料，但未必都是写作的范式。教师孤立地用名家名作做范本指导中小学生写作，而不是引导他们关注自己的生活、个人的情感，选择并建立适合自己的表达方式，则很可能南辕北辙。那种背离基本学习目标的写作，很容易导致学生远离生活，失去根本；即使偶尔有点儿成绩，也难以长久。教材上的范文不过是个例子，教师引导学生"看好处，学门道"，是可以的，但以此为学习写作的目标，亦步亦趋，则没有必要，学生也很难具备那样的技术，达到那样的境界。写作教学的目的不是要把学生培养为作家，不能拿作家的标准衡量学生的作文。

回忆五六十年代，中学生想当作家的很多。一方面是崇拜这个职业的社会地位，另一方面可能和高收入有关。据孙绍振教授回忆，当年中文系之所以成为热门，报考者多想当作家，是因为作家收入极高，有时一本书的稿费就能买个四合院；而一名中学生在报纸上发表一篇千字文，稿费就够一两个月的伙食费。现今改革开放，"发财"的路径比以往多，当然作家也如过江之鲫，用作家的写作标准去要求，既不恰当，也无吸引力。

写作是一种基本的语文能力，中小学教学是通识教育，在这一阶段，不要夸大写作的职业功能，也不要过早地给学生灌输职业意识。我的学生中，选择以文学和新闻为职业的很少，即便是这一部分人，他们的职业素养也不全是在中学语文课上获得的。

除此之外，还有另一种偏差，即不重视写作基础能力的培育，过早地以应试为教学目的。同样是在公开课上，有教师在讲评学生作文后，还会给学生读晚报上的"高考满分作文"，连读三篇，作为示范。我对此不理解：高一的作文教学，为什么要急不可待地主动往应试的路数上"套"？更何况那些所谓的"满分作文"往往显示的只是"考场机智"，未必有什么真情实感。这种过于功利的教学怎么可能让学生热爱写作并获得写作素养？业内人都知道，应试能力固然重要，但应试作文教学有其特殊性，它不能取代写作教学的本质，更不可能培育学生对写作的爱。我当然相信，这些教师进行应试教学可能是"身不由己"。可即便教师在整个高中阶段竭力教给学生应试作文的技巧，学生在高考中能否取得满意的成绩，很大程度上仍然要看运气，因为现有的命题以及阅卷机制，并不能保证学生能充分或正常发挥并获得公正的评判。但是，有一点也许是没有问题的，即在这种强制的应试教学下，学生离开中学后不再愿意写作，不可能"剩下"什么。过早的应试作文教学，只会把学生原本对写作的误解和恐惧进一步放大，形成对他的压力。许多学生在中学时代恐惧或厌恶写作，可能与教师不恰当的要求有关。

偏离目标的写作教学，无法让学生产生兴趣和动力，结果只能是低效甚至无效。学生不但成不了作家和考场写手，反而会患上"写作恐惧症"。

正常的写作教学，目的就是让学生获得基本的表达能力与交流能力，仅靠应试教学手段则无法实现。我的学生中，有些人高中毕业两三年，连自己语文高考的分数都记不准确，但一直在自觉地学语文，把写作作为生活方式之一。他们仍然有写作的习惯，他们比一般人爱写作，或者，至少他们不怕写。我觉得，他们之所以能有这样的状态，是因为他们在中学阶段接受了正常的教育教学。

20世纪80年代，我有过一次教学"大循环"，有位学生从初一到高三都在我的班上（现在高中和九年义务教育"剥离"，不可能有那样的经历了）。在我的印象中，她的作文比较随意，能力虽不突出，但能达到教学要求，偶尔也会有一两次写得极为出色，还发表过几篇习作。——在我所在的学校，这样的学生很多。她在高中毕业近20年后，寄了一封信给我，里面是一篇打印出来的文稿《父亲》。信中写道："老师，我读初一时，您表扬过我写的《父亲》，20多年过去了，看着父亲一天天地苍老，又记起了初一上课时您对我作文的点评。前些天，我心血来潮，又写了一篇《父亲》，您能帮我看一下吗？……"我实在记不起她13岁的同题作文写了些什么，但那个小姑娘现在已是中年人了，那篇作文里的中年人现在也是位老人了！岁月沧桑，真令我百感交集。如果我们这些语文教师，能知道自己的作文教学会有如此久远的影响，我们还会那么随意地仅仅把学生的作文当成"作业"吗？这位学生年过不惑，仍然在写作，虽然她的职业与文字工作并没有太大的关系。我从她博客中看到的文章，都是鲜活的、亲切的，展现的是一个活生生的人的心灵。我觉得这就是语文教育的价值，这远远比培养一名作家重要，当然，更比"高考得了高分"重要。

前些天，收到一名留学海外的毕业生的手写来信。在这个快节奏的时代，一般人都选择发电子邮件、发短信或者打电话，这位学生却写了一封3000字的信。我奇怪的是，他经常给我发电子邮件，为什么要另外写一封长信呢？他说"这样有感觉"。什么感觉？"学习的感觉。"这封信和他以前那些有趣的短文完全不同。在这封略显冗长的信中，他倾诉自己的生活，自称"生活很无聊"，"摆脱不了低级趣味，于是也就不拒绝低级趣味"，通篇喋喋不休地诉说自己的境遇，并认认真真地做出解说。不知为什么，我不觉得有什么不对，虽然我一向主张积极地应对生活中发生的一切。看了他的信，反而觉得他说得有理：为什么不可以懈怠一下？为什么不可以"平庸三五天"？我很惊奇地发现，他的表达很有感染力；他能如实地反映自己的生活状态，"我手写我口，我口说我心"，没有丝毫的虚假与客套。其实，我很欣赏他的生活态度，明朗而低调，平静而有生机。他的"低级趣味"，是本真的、丝毫不做作的。青年就该这样明确地表明生活态度和情调。我没有直接教过这名学生，我不太了解他当年在学校的学习状态，从他不以写作为苦事，从他知道如何向别人倾诉中，我知道，这样的写作是发自内心的，而且，他有很强的表达自己观点的意志。他为什么能不费气力地写三五千字？这很可能也是因为"心血来潮"。有写作能力的人就能这样随波漂荡、任意东西。

我们的语文教学究竟能有什么作用，也要由未来做评价。如果一名学生的写作极有成就，成了知名作家，成了一名"靠稿费生活的人"，而且他自己说是在中小学教师的帮助下种下了热爱写作的种子，这当然可以说是教师的成功；如果一名学生的高考作文得了满分，他自己说是老师"狠抓"的成果，这个老师也未必不可以把它写进自己的工作实绩。可是，一名语文教师的教学对象往往多达50到100人，每一年全国有近千万高中毕业生，这就不能不思考，我们的写作教学究竟要培养什么，并能让学生在未来"剩下"些什么了。